ユーキャンの

福祉住環境
コーディネーター

重要問題集&
予想模試

2級

ユーキャンがよくわかる！その理由

● テーマ別合格ライン突破への194問

■各テーマごとに、的確にポイントを押さえた194問を掲載

『福祉住環境コーディネーター検定試験®2級公式テキスト 改訂6版』を徹底的に分析。テーマ別の要点チェック問題を194問掲載しています。

● 充実解説だから出題の意図がわかる、応用力が身につく！

■すべての問題にポイントを押さえた解説を掲載

すべての問題について、出題意図を確実に押さえた解説を掲載しています。

■重点ワードに赤字で表示

解説のうち、必ず覚えておきたい数値・用語などを含むものは、**赤字**で表示しています。

■プラスワンの解説も充実

その項目で出てくる重要な用語は「**キーワード**」、問題を解くうえで押さえておきたい知識は「**ステップアップ**」、合格へのポイントとなる頻出事項などは「**合格エッセンス**」として、まとめています。

●POINT●

キーワード

ステップアップ

合格エッセンス

● 模擬試験2回分を収録（別冊で解答・解説つき）

■予想模擬試験でシミュレーション

実際の試験を想定した問題構成・体裁・解答方法で、本試験をシミュレーションすることができます。

CONTENTS

本書の使い方

本書『重要問題集＆予想模試』は、資格試験合格へ向けた学習計画において、実力養成に最適な問題集です。本書の「要点チェック問題」で重要事項を確認し、さらに2回分の模擬試験で本番をシミュレーション。合格のための応用力をつけましょう。

基本事項は、本書のシリーズ『ユーキャンの福祉住環境コーディネーター2級速習テキスト』を併用して学習すると効果的です。

重要事項のチェック

項目別「要点チェック問題」（P.14〜161）を解き、本試験に頻出の重要事項を押さえてください。その際、必ず「解説」を読んで、理解を深めましょう。繰り返し学習のため、まちがえた問題、知識があやふやな問題にはマークをしておくとよいでしょう。

補足解説も充実

 キーワード

その項目で出てくる重要な用語などを詳しく解説しています。

ステップアップ

問題を解くうえで押さえておきたい知識です。必要に応じてイラストや図表を用い、わかりやすくまとめています。

合格エッセンス

試験合格へのポイントとなる知識・頻出事項などをわかりやすくまとめてあります。

試験画面をイメージ

各選択肢の前にある「◎」は試験画面のラジオボタンをイメージしています。実際の試験では「◎」を選択して解答します。

---

31. 手すりの取り付け

第99問
次の文章の内容が適切であれば○を、不適切であれば×を選びなさい。

　階段や廊下の手すりは、手を滑らせながら使うため、直径は細めの28〜32mm程度とする。

◎ ○
◎ ×

第100問
次の文章の内容が適切であれば○を、不適切であれば×を選びなさい。

　屋外に手すりを設置する場合、耐久性を考えて金属製の手すりを選択する。

◎ ○

第101問
次の文章の内容が適切であれば○を、不適切であれば×を選びなさい。

　横手すりの高さは、一般的に、手すりの上端を利用者の大腿骨大転子の高さに合わせるのがよいとされている。

◎ ○
◎ ×

88

6

最新の内容に更新・アレンジされた問題と解説で実力 UP！
本書の内容は『福祉住環境コーディネーター検定試験® 2級公式テキスト 改訂6版』に準拠しています。

■予想模試にチャレンジ
「要点チェック問題」が終わったら、「予想模試」（P.164〜第1回模擬試験　P.194〜第2回模擬試験）にチャレンジしましょう。制限時間など本試験と同様の条件で実施し、終了後に別冊の「解答・解説編」で採点をしましょう。

■繰り返し学習で、効果がアップ
自分の弱い項目を中心に、改めて「要点チェック問題」に取り組み、知識を確実なものとしてください。仕上げとして「予想模試」に再チャレンジすることをお勧めします。

第3章　建築

第99問　解説

階段や廊下の手すりは、手を滑らせながら使うため、太いほうが安定感がある。直径は 32 〜 36mm 程度とす〔　〕32mm 程度の細めの手すりは、トイレや浴室などでの重〔　〕用いる。
●POINT●

赤シートつき

正答

第100問　解説

屋外に手すりを設置する場合、耐候性のある材質で感触もよい覆製の手すりなどが適している。金属製の手すりは、冬に冷たく夏に熱く感じるので避けたほうがよい。　●POINT●

正答

第101問　解説

横手すりの高さは、一般的には、手すりの上端を利用者の大腿骨大転子の高さに合わせるとされている。しかし、関節リウマチなどで手指に拘縮があって手すりをしっかりと握ることができない場合は、主に身体バランスの安定を目的として、肘から先の前腕全体を手すりに軽く置く程度の高さに取り付ける。

正答　○

重点解説にPOINTを表示

●POINT●

解説のうち、必ず覚えておきたい数値・用語などを含むものには、「**POINT**」マークを表示しています。

速習テキストの関連ページを表示

速習テキスト P○

関連して学習するために、『2級速習テキスト』の該当ページを示しています。

🏠 **合格エッセンス** 🔧 手すり端部の形状

○ 望ましい手すりの例

手すりの端部を壁側に曲げ込む。

✕ 望ましくない手すりの例

エンドキャップをつけるだけでは不十分。

衣服の袖口を手すりの端部に引っかけやすい。

速習テキスト P237〜

資格について

① 福祉住環境コーディネーターとは

(1) 必要となる福祉住環境整備

わが国では平均寿命が延び、高齢化が急速に進んでいます。これに伴い、高齢者が自宅で過ごす時間が長くなっていますが、日本家屋は、段差が多い、廊下や開口部が狭いなど、高齢者にとって安全で快適な住まいとはいえません。これは障害者にとっても同じです。実際に、多くの家庭内事故が起こっています。

安心して、快適に、自立して住むことのできる「福祉住環境」の整備が必要とされている中、その中核を担う人材が「福祉住環境コーディネーター」です。

(2) 福祉住環境コーディネーターの業務

福祉住環境コーディネーターの主な業務は、高齢者や障害者の身体機能や生活状況を十分に考慮し、これらに配慮した住宅改修の検討や、福祉用具等の利用についてのアドバイスなどを行う、というものです。

また、福祉住環境コーディネーター2級の資格を取得すると、担当の介護支援専門員がいない場合は、「住宅改修についての専門性を有する者」として、介護保険で住宅改修の給付を受けるために必要な「理由書」を作成することができます（市町村によって扱いは異なります）。

② 出題範囲について

福祉住環境コーディネーター検定試験®は東京商工会議所が主催し、福祉住環境コーディネーター検定試験®公式テキストに準拠して出題されます。2級および3級に関しては、2022年2月に公式テキスト改訂6版が発行され、2022年7月実施の第48回試験からその内容が反映されます。

また、東京商工会議所によると、2級の出題範囲では、2級公式テキストの本編の知識と、それを理解したうえでの応用力を問うとしています。さらに2級の基準としては、3級レベルの知識に加え、福祉と住環境等の知識を実務に

活かすために、幅広く確実な知識を身に付け、各専門職と連携して具体的な解決策を提案できる能力を求める、としています。

③ 試験について

(1) 試験概要

試験はIBT・CBTの2方式で実施されています。

※IBT（Internet Based Testing）は、インターネットを通じて自宅や会社のパソコンで試験を受ける試験方式。

※CBT（Computer Based Testing）は、全国各地のテストセンターのパソコンで試験を受ける試験方式。

試験時間は90分で、択一問題または多肢選択式の問題が出題されます。公式テキスト（改訂6版）に該当する知識と、それを理解したうえでの応用力が出題範囲とされています。

合格基準は、100点満のうち70点以上をもって合格とされていて、試験結果は即時採点されます。

(2) 試験実施

2級、3級ともに、試験は年に2シーズンの受験期間が設けられていて、受験は各級につき、1シーズンに1回限り受験することができます。

各シーズンの試験期間は約2週間です。この期間中、IBTまたはCBTのどちらかで受験することができます。

(3) 受験資格

学歴・年齢・性別・国籍による受験資格の制限はありません。所定の手続きを済ませれば、どなたでも受験することができます。また、3級に合格していなくても、2級を受験することができます。

(4) 合格率

過去の試験の合格率は、次ページのようになっています。

2級				
試験回	試験日・シーズン	受験者数（人）	合格者数（人）	合格率
第42回	R 1. 7. 7	9,130	2,729	29.9%
第43回	R 1. 11.24	10,405	4,637	44.6%
第44回	R 2. 7. 5	──	──	──
第45回	R 2. 11.22	10,778	5,043	46.8%
第46回	R 3第1シーズン	5,042	4,314	85.6%
第47回	R 3第2シーズン	5,575	2,887	51.8%

※第44回試験は、新型コロナウイルス感染症の拡大防止と会場確保が困難等の理由により、中止となった。
※第46回試験以降は、IBT試験またはCBT試験となった。

(5) 問い合わせ先

東京商工会議所　検定センター　　03-3989-0777
（受付時間：土・日・祝休日・年末年始を除く10:00〜18:00）

ホームページ　https://kentei.tokyo-cci.or.jp

④ IBT、CBT試験について

(1) 受験の申込み

東京商工会議所検定サイトからの申込みになります。

IBTは自宅などのパソコンで受験する方式で、CBTはテストセンター会場のパソコンで受験する方式です。試験日時が選べること、試験終了後の合否や得点がすぐにわかるという点がポイントです。

なお、IBTとCBTの受験申込みを重複して行うことはできませんので、受験しやすい方式を選んでください。IBT試験の場合、必要な機器や環境は受験者が準備することになります。使用予定の機器で受験が可能かどうか、事前に必ず確認してください。

申込み方法の詳細、試験当日の流れについては、主催団体のホームページをご確認ください。

(2) 試験画面

※図はCBT試験画面のイメージです。

　出題形式は択一問題または多肢選択式で出題されています。

　試験案内に出題数の明示はありませんが、第47回（2021年度第2シーズン）の2級試験では、2択問題が50問、4択問題が20問で計70問が出題されました。

　合格基準は100点満点中、70点以上が合格とされています。

(3) 試験方式について

①IBT試験

　IBT試験は、使い慣れている自宅のパソコンで受験することができるという点や、わざわざ会場まで出かけなくていいという点がメリットです。ただし、試験開始前に本人確認、受験環境の確認等を行う必要があります。

②CBT試験

　CBT試験は、受験会場と日時、支払い方法など決めて申し込んだ後、テストセンターに出向いて指示に従って試験を受けることになります。

　IBT試験のような確認作業が必要なく気軽な面もありますが、受験料に加えてCBT利用料が必要になります。また、テストセンター会場内の環境や、試験中の他の受験者の動きなどが気になる方にとっては、デメリットになる面もある

かもしれません。

　2つの形式のメリット・デメリットを考えたうえで、ご自身に合った受験方法を選択してください。どちらの形式でも、パソコンの操作に慣れていない受験者にとっては戸惑うケースがあるかもしれません。ただ、何よりも焦らないことが大切です。その点ではペーパーテストと何も変わりません。

福祉住環境コーディネーター2級「重要問題集＆予想模試」

要点チェック問題

福　祉

1. 福祉住環境の調整役

第1問
次の文章の内容が適切であれば○を、不適切であれば×を選びなさい。

　福祉住環境コーディネーターが利用者を支援していく場合、本人の希望は聞くが、最終的には自分の考え方に基づいて決定する。

◎ ○
◎ ×

第2問
次の文章の内容が適切であれば○を、不適切であれば×を選びなさい。

　福祉住環境コーディネーターは、「記録と報告」に関して、文書により、しっかりと行う必要がある。

◎ ○
◎ ×

第3問
次の文章の内容が適切であれば○を、不適切であれば×を選びなさい。

　福祉住環境整備で解決できることを高齢者に気づいてもらうことは、福祉住環境コーディネーターの役割である。

◎ ○
◎ ×

第1問　解説

　利用者を支援していく場合、福祉住環境コーディネーターには利用者の自己決定を最大限に尊重することが求められる。本人の視点に立って支援していくことが大切である。　●POINT●

正答　×

第2問　解説

　医療・福祉サービス全般にいえることであるが、「記録と報告」は文書により、しっかりと行われる必要がある。福祉住環境コーディネーターは、明確かつ簡潔に必要な報告を行い、記録を保持しなければならない。

正答　○

第3問　解説

　高齢者は長年の生活習慣から生活の不便・不自由を感じていないことも多く、福祉住環境整備で解決できるとは思っていないことも少なくない。気づいてもらうことも、福祉住環境コーディネーターの大切な役割である。

正答　○

速習テキスト　P14〜

第4問
次の文章の内容が適切であれば○を、不適切であれば×を選びなさい。

「地域ケア」は、乳児期から終末期までのすべての時期を対象としている。

◎ ○
◎ ×

第5問
次の文章の内容が適切であれば○を、不適切であれば×を選びなさい。

予防医学における「予防」の考え方では、「一次予防」が最も早い時期からの予防で、「健康増進と疾患の予防」を指す。

◎ ○
◎ ×

第6問
次の文章の内容が適切であれば○を、不適切であれば×を選びなさい。

高齢者のリハビリテーションは、「施設・地域で生活を支える」という目標のもとに実施することが必要である。

◎ ○
◎ ×

第4問　解説

　地域ケアは、乳児期から終末期までのすべての時期を対象とし、その内容も、保健、医療、介護、リハビリテーション、保育および教育、就労、まちづくりなど多岐にわたる。したがって、地域包括ケアシステムは、地域のすべての住民のための仕組みであり、すべての住民のかかわりにより実施すべきものである。

正答　○

第5問　解説

　「二次予防」が「早期発見・早期治療による疾患や障害への移行の防止」を、「三次予防」が「障害残存後の活動制限や参加制約の防止」を意味する。

正答　○

第6問　解説

　高齢者のリハビリテーションは、「在宅・地域で生活を支える」という目標のもとに実施することが必要である。　●POINT●

正答　×

速習テキスト　P20〜

第7問
次の文章の内容が適切であれば○を、不適切であれば×を選びなさい。

　在宅介護での自立支援において暮らしの拠点は、「多様なニーズに対応し、本人の個性を引き出す場」でもある。

◎ ○
◎ ×

第8問
次の文章の内容が適切であれば○を、不適切であれば×を選びなさい。

　外出できなければ社会参加は不可能なので、外出手段の確保に向けた支援を最優先する。

◎ ○
◎ ×

第9問
次の文章の内容が適切であれば○を、不適切であれば×を選びなさい。

　持久力やバランス機能はやや低下しているが、つえや歩行器などを使用すれば屋外でも単独歩行が可能な場合、活動水準が上がっても転倒の危険性は低い。

◎ ○
◎ ×

第7問　解説

　在宅介護での自立支援において暮らしの拠点は、介護を受けやすい、介護しやすい環境で、本人の生活ニーズや身体的ニーズに合っていることはもちろん、プライバシーや余暇活動にも配慮した空間を実現するよう、設備や道具などをくふうし、自立生活ができる環境整備をすることが大切である。

正答　○

第8問　解説

　寝たきりであっても、環境を整備すれば、自宅を情報発信の拠点とした社会参加や自己実現が可能となる。　●POINT●

正答　×

第9問　解説

　活動水準が上がるほど転倒リスクが高まるため、安全性の向上と負担軽減への配慮が必要である。

正答　×

速習テキスト　P25〜

第10問
次の文章の内容が適切であれば○を、不適切であれば×を選びなさい。

　「国際障害分類（ICIDH）」は「障害」というマイナス面による分類なのに対し、「国際生活機能分類（ICF）」は障害を生活機能の中に位置づけ、マイナス面だけでなくプラス面を重視している。

◎ ○
◎ ×

第11問
次の文章の内容が適切であれば○を、不適切であれば×を選びなさい。

　ICFでは新たに「環境因子」が位置づけられた。

◎ ○
◎ ×

第12問
次の文章の内容が適切であれば○を、不適切であれば×を選びなさい。

　ICFでは、現象を総合的に見るには、性別、年齢などの「個人因子」も踏まえる必要がある。

◎ ○
◎ ×

第10問　解説

　ICFは障害を環境との関係でとらえるとともに、生活機能の中に位置付け、マイナス面だけでなくプラス面を重視している。心身機能・身体構造、活動、参加を総称して「生活機能」とし、それらに問題が起こった状態（機能障害、活動制限、参加制約）を総称して「障害」とする。

正答　○

第11問　解説

　ICFは医学モデルと、環境因子という見方を取りいれた社会モデルとを統合したものである。

正答　○

第12問　解説

　現象を総合的に見るには、性別、年齢などの「個人因子」も踏まえる必要がある。ICFでは、環境因子と個人因子を合わせたものが背景因子となる。

正答　○

合格エッセンス　ICFの概念

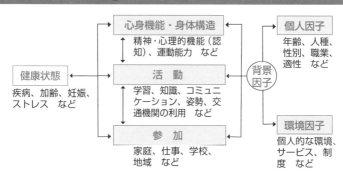

速習テキスト　P29～

第13問
次の文章の内容が適切であれば○を、不適切であれば×を選びなさい。

　団塊の世代といわれる「戦後のベビーブーム世代」は、2025年にはすべて75歳以上に達する。

◎ ○
◎ ×

第14問
次の文章の内容が適切であれば○を、不適切であれば×を選びなさい。

　「介護保険制度に関する世論調査」（内閣府、2010年）によると、将来介護を受けたい場所として、「特別養護老人ホーム等への入所」と回答した人が最も多い。

◎ ○
◎ ×

第15問
次の文章の内容が適切であれば○を、不適切であれば×を選びなさい。

　「人口動態統計」（厚生労働省、2020（令和2）年）の家庭内事故による65歳以上の死亡者の内訳をみると、「溺死・溺水」が最も多い。

◎ ○
◎ ×

第13問　解説

　団塊の世代といわれる「戦後のベビーブーム世代」が2025年にはすべて75歳以上に達する。こうした人口構造の変化は、社会にさまざまな面で影響を与えるといわれている。

正答　○

第14問　解説

　将来介護を受けたい場所として、「自宅」と回答した人が最も多く、全体の37.3％に及び、住み慣れた自宅で生活を継続したいという意向があることが推測できる。一方、「特別養護老人ホーム等への入所」（26.3％）と「有料老人ホーム等への住み替え」（18.9％）の合計が45.2％に達するなど、多様な住まい方も求められている。

正答　×

第15問　解説

　2020（令和2）年の統計では、年間1万3,708人は家庭内事故が原因で死亡しており、そのうちの1万1,966人が65歳以上の高齢者である。なかでも溺死・溺水は家庭内事故による死因の42.5％を占めており、浴室周辺の住環境整備の必要性を物語っている。

正答　○

速習テキスト　P34〜

第16問
次の文章の内容が適切であれば○を、不適切であれば×を選びなさい。

　介護保険制度は、「老人福祉」と「老人医療」に分かれていた高齢者の介護に関する制度を再編成し、介護サービスが提供される仕組みとした。

◎ ○
◎ ✕

第17問
次の文章の内容が適切であれば○を、不適切であれば×を選びなさい。

　介護保険制度は、行政機関である市町村が、住民の申請に対してその必要性を判断し、サービス内容や提供機関を決定・提供する「措置制度」である。

◎ ○
◎ ✕

第18問
次の文章の内容が適切であれば○を、不適切であれば×を選びなさい。

　介護保険サービスを利用した場合、第1号被保険者の自己負担は、所得にかかわらず1割負担である。

◎ ○
◎ ✕

第16問　解説

　介護保険制度は、それまで「老人福祉」と「老人医療」に分かれていた高齢者の介護に関する制度を再編成し、加齢による疾患等で介護を必要とする人が、住み慣れた地域や自宅でできる限り自立した生活を営めるように、さまざまな介護サービスが提供される仕組みを形成した。

正答　○

第17問　解説

　介護保険制度は、行政処分である「措置制度」とは異なり、必要なサービスを利用する利用者の意思と権利を尊重する利用者本位の制度である。

正答　×

第18問　解説

　2015（平成27）年8月、第1号被保険者で一定以上の所得がある介護保険サービスの利用者の負担割合が、1割から2割に引き上げられ、2018（平成30）年8月には、現役並み所得者について3割へと引き上げられた。したがって、第1号被保険者の自己負担は、所得に応じて1割、2割、3割のいずれかとなる。●POINT●

正答　×

合格エッセンス　介護保険制度の受給資格

	第1号被保険者	第2号被保険者
対象	65歳以上の人	40歳以上65歳未満で、医療保険の加入者
受給資格	・要介護者 ・要支援者	老化に伴う特定疾病（16種類）に起因する場合

第19問
介護保険制度に関する次の文章のうち、適切なものを○、不適切なものを×としたとき、正しい組み合わせを①〜④の中から１つ選びなさい。

(a) 介護保険制度の導入に際して掲げられた基本的な考え方の１つとして、「多様な民間事業者の参入の促進」がある。

(b) 介護保険の財源の50％を占める保険料の内訳は、第１号被保険者と第２号被保険者の人口比に基づき設定されている。

(c) 介護サービスには要介護者が対象の介護給付と要支援者が対象の予防給付があるが、これらはそれぞれ国が指定・監督を行う居宅・施設等サービスと市町村が指定・監督を行う地域密着型サービスとに分かれている。

(d) 介護保険制度では、保険者である市町村は３年を１期とする介護保険事業計画を策定し、３年ごとに見直しを行うことになっている。そして、受給要件についても３年ごとに事業計画に定めるサービス費用見込額等に基づき、３年間を通じて財政の均衡を保つよう設定されることになっている。

◎ ① (a)○　(b)×　(c)○　(d)×
◎ ② (a)×　(b)○　(c)×　(d)○
◎ ③ (a)○　(b)○　(c)×　(d)×
◎ ④ (a)○　(b)○　(c)×　(d)○

第19問　解説

(a)○　「多様な民間事業者の参入の促進」という考え方のもと、福祉サービスに競争原理を導入し、効率的で良質なサービス提供を促すこととなった。

(b)○　2021（令和3）〜 2023（令和5）年度現在、第1号被保険者分相当が23%、第2号被保険者分相当が27%となっている。

(c)×　介護給付と予防給付はそれぞれ、都道府県・政令市・中核市が指定・監督を行う居宅・施設等サービスと、市町村が指定・監督を行う地域密着型サービスとに分かれている。

(d)×　受給要件ではなく保険料。介護保険の保険料についても、3年ごとに介護保険事業計画に定めるサービス費用見込額等に基づき、3年間を通じて財政の均衡を保つよう設定されることになっている。したがって、所得が大きく変わらなければ、保険料は3年度を通じて同一となる。

正答　③

速習テキスト　P38〜

第 20 問
次の文章の内容が適切であれば○を、不適切であれば×を選びなさい。

　身体障害者は、在宅で生活している人の割合が ほかの障害に比べて高い。

◎ ○
◎ ×

第 21 問
次の文章の内容が適切であれば○を、不適切であれば×を選びなさい。

　厚生労働省「平成 28 年生活のしづらさなどに関する調査」（2016年）によれば、在宅で生活している知的障害者のうち、重度の障害がある人は全体の約 6 割を占めている。

◎ ○
◎ ×

第 22 問
次の文章の内容が適切であれば○を、不適切であれば×を選びなさい。

　住み慣れた地域で生活したいという希望を持つ障害者の地域生活を支援するためには、住まいや日中活動の場、支援ネットワークが確保されていることが重要である。

◎ ○
◎ ×

第20問　解説

　「令和3年版 障害者白書」（2021年）を見ると、身体障害者は、在宅で生活している人の割合がほかの障害に比べて高く、98.3％を占めている。それに対して、知的障害者では87.9％、精神障害者では92.8％が在宅で生活しており、施設や病院で生活している割合が身体障害者に比べて高い。 ●POINT●

正答 ○

第21問　解説

　「平成28年生活のしづらさなどに関する調査」（2016年）によると、在宅の知的障害者のうち、38.8％を重度障害者が占めている。

正答 ×

第22問　解説

　障害者が地域で生活していくには、住まいの確保、日中活動の場の確保、支援ネットワークの確保が構築されていることが前提となり、情報支援システム、権利擁護システム、相談支援システム、サービス提供システムの構築が必要となる。

正答 ○

速習テキスト P57〜

第23問
次の文章の内容が適切であれば○を、不適切であれば×を選びなさい。

　障害者基本計画は、「障害者基本法」に規定されている基本原則にのっとり実施するものである。

◎ ○
◎ ✕

第24問
次の文章の内容が適切であれば○を、不適切であれば×を選びなさい。

　就労移行支援等の利用を経て一般就労へ移行した障害者を対象に、事業所や家族との連絡調整等の支援を一定期間にわたり行うサービスとして、就労継続支援が創設された。

◎ ○
◎ ✕

第25問
次の文章の内容が適切であれば○を、不適切であれば×を選びなさい。

　障害福祉サービス等の利用者が個々のニーズに応じて良質なサービスを選択できるようにするとともに、事業者によるサービスの質の向上を図ることを目的に情報公表制度が創設された。

◎ ○
◎ ✕

第23問　解説

　障害者基本計画は、「障害者基本法」第3条から第5条に規定されている基本原則にのっとり、障害者の自立および社会参加の支援等のための施策を総合的かつ計画的に実施するものである。国は「障害者基本計画」、都道府県は「都道府県障害者計画」、市町村は「市町村障害者計画」を策定する。

正答　○

第24問　解説

　就労移行支援等の利用を経て一般就労へ移行した障害者を対象に、事業所や家族との連絡調整等の支援を一定の期間にわたり行うサービスとして創設されたのは、就労定着支援である。

正答　×

第25問　解説

　情報公表制度では、施設・事業者に対して障害福祉サービスの内容等を都道府県知事に報告するとともに、その内容を都道府県知事が公表する仕組みとなっている。利用者は、インターネットなどを利用して、事業所の情報を閲覧することができる。

正答　○

第26問
障害者総合支援法に関する次の①〜④の記述の中で、その内容が最も
適切なものを1つ選びなさい。

◎ ①　障害者総合支援法は、一人ひとりの利用者が必要に応じて支援
　　を受けられるよう、市町村の地域生活支援事業の必須事業として相
　　談支援事業を位置づけ、これを相談支援事業者に委託できるように
　　している。

◎ ②　自立支援医療には、更生医療、育成医療、精神通院医療がある。
　　更生医療と育成医療の実施主体は市町村であり、精神通院医療の実
　　施主体は国（厚生労働省）である。

◎ ③　市町村が実施主体の相談支援事業における協議会を具体化する
　　ために、市町村相談支援体制整備事業が行われている。

◎ ④　2012（平成24）年には「障害者自立支援法」が改正・改称
　　され、名称が「障害者の日常生活及び社会生活を総合的に支援する
　　ための法律（障害者総合支援法）」となった。この改正ではすべて
　　の難病患者が対象となった。

第 26 問　解説

① 適切である。障害者総合支援法においては、相談支援事業者が福祉
　住環境コーディネーターと最も連携を図る相手である。また、障害者
　が地域で生活しようとすると、福祉、医療、保健、住居など、さまざ
　まな相談支援が必要となる。

② 適切でない。更生医療と育成医療の実施主体は市町村、精神通院医
　療の実施主体は都道府県などである。　●POINT●

③ 適切でない。協議会を具体化するために、都道府県地域生活支援事
　業のなかで都道府県相談支援体制整備事業が行われている。この事業
　では、広域的な支援を行うアドバイザーが配置され、都道府県協議会
　において社会資源の開発などの協議を行う。

④ 適切でない。障害者総合支援法の対象となる難病については、2013
　（平成 25）年度に当面の措置として 130 疾病が指定された。その後数
　回の拡大を経て、対象となる疾病数は増えている（2021〔令和 3〕年
　からは 366 疾病）が、すべての難病ではない。なお、同法の対象疾
　病は、2015（平成 27）年 1 月に施行された「難病の患者に対する医療
　等に関する法律（難病法）」に基づく医療費助成の対象となる指定難
　病（2022 年 7 月時点で 338 疾病）よりも、対象の範囲が広い。

正答　①

速習テキスト　P61 〜

第 27 問
次の文章の内容が適切であれば○を、不適切であれば×を選びなさい。

　グループホームの建物（共同生活住居）については、アパートやマンションなどの集合住宅を利用することはできない。

◎ ○
◎ ×

第 28 問
次の文章の内容が適切であれば○を、不適切であれば×を選びなさい。

　「住宅セーフティネット法」により、低額所得者、被災者、高齢者、障害者、子どもの養育者などの住宅確保要配慮者を対象として、各種施策が実施されている。

◎ ○
◎ ×

第 29 問
次の文章の内容が適切であれば○を、不適切であれば×を選びなさい。

　バリアフリー改修工事などにおける「高齢者向け返済特例制度」とは、60 歳以上の高齢者世帯および高齢者と同居する世帯を対象に、増改築や改修工事に対して、都道府県または市町村が低利で資金を貸し付ける制度である。

◎ ○
◎ ×

第27問　解説

　グループホームの建物（共同生活住居）については、住宅地またはそれと同程度に入居者の家族や地域住民との交流の機会が確保される地域にあることが求められているが、アパートやマンションなどの集合住宅や戸建住宅を利用することができる。　●POINT●

正答　×

第28問　解説

　2017（平成29）年に改正された「住宅確保要配慮者に対する賃貸住宅の供給の促進に関する法律（住宅セーフティネット法）」により、高齢者など住宅確保要配慮者に対して、公的賃貸住宅の供給促進、民間賃貸住宅への円滑な入居の促進などの施策が行われている。

正答　○

第29問　解説

　「高齢者向け返済特例制度」ではなく「高齢者住宅整備資金貸付制度」である。バリアフリー改修工事などにおける高齢者向け返済特例制度は、バリアフリー化の改修工事の費用を、利息のみ毎月返済し、借入金の元金は高齢者本人の死亡後に、相続人が融資住宅および敷地の売却または自己資金などにより一括返済する制度で、住宅金融支援機構が行う。

正答　×

速習テキスト　P74〜

第 30 問
次の文章の内容が適切であれば○を、不適切であれば×を選びなさい。

UR 都市機構では、「健康寿命サポート住宅」の供給を行っている。

◎ ○
◎ ×

第 31 問
次の文章の内容が適切であれば○を、不適切であれば×を選びなさい。

バリアフリー化の設計指針として定められた「高齢者が居住する住宅の設計に係る指針」とは、高齢者の居住する住宅と屋外部分について、移動の際の危険防止に対する基本的措置などについて示したものである。

◎ ○
◎ ×

第 32 問
次の文章の内容が適切であれば○を、不適切であれば×を選びなさい。

「高齢者住宅改造費助成事業」は、介護保険制度の給付対象となる住宅改修以外の工事に対して、市町村が一定の費用を助成するものである。

◎ ○
◎ ×

第30問　解説

　UR都市機構では、「高齢者住まい法」に基づき、高齢者が安全に住み続けることができるように、移動等に伴う転倒の防止に配慮した住宅改修と併せて、外出したくなるような屋外空間や豊富な社会参画の機会等を重視した「健康寿命サポート住宅」の供給を行っている。

　また、UR都市機構では、相談員が定期的に団地を巡回し、高齢者向けの制度の案内や住まいに関する相談対応などに当たる高齢者等巡回相談業務を実施している。

正答　○

第31問　解説

　「高齢者が居住する住宅の設計に係る指針」は、2001（平成13）年に定められた「高齢者住まい法」による基本方針に基づいて、定められたものである。加齢などに伴って身体機能が低下した場合などでも快適に住み続けられるように、設計上の一般的な配慮事項を示している。

正答　○

第32問　解説

　「高齢者住宅改造費助成事業」はおおむね65歳以上の要支援・要介護などの高齢者に対して、浴室、トイレ、洗面所、台所、居室、玄関、廊下、階段などの改修で、介護保険制度の給付対象となる住宅改修以外の工事に対して、市町村が実施している制度で、一定の費用を助成する。助成割合は、利用者の所得に応じて異なる。

正答　○

速習テキスト P81〜

第 33 問
次の文章の内容が適切であれば○を、不適切であれば×を選びなさい。

　日本の住宅は冬に合わせて造られてきたため、夏季の暑さには向いていない。

◎ ○
◎ ✕

第 34 問
次の文章の内容が適切であれば○を、不適切であれば×を選びなさい。

　ユニバーサルデザイン化が進んだ現在では、段差の解消や手すりの設置、車いすの使用に支障をきたさない廊下など、高齢者に配慮した住宅が増えてきている。

◎ ○
◎ ✕

第 35 問
次の文章の内容が適切であれば○を、不適切であれば×を選びなさい。

　畳などの床面に座って生活動作を行う「床座」は、高齢者にも安全で、生活しやすい。

◎ ○
◎ ✕

第33問　解説

　日本の住宅は、高温多湿の夏に合わせて造られてきたため、冬季の寒さには不向きである。高齢者や障害者、特に循環器系に疾患がある高齢者には、室内の温度差が体に悪影響を及ぼす不適切な環境となる。

正答　×

第34問　解説

　ユニバーサルデザイン化ではなく、バリアフリー化が正しい。現在、段差の解消や手すりの設置、車いすの使用に配慮した廊下や建具への仕様変更など、高齢者に配慮した設備を備えた世帯が増えてきており、特に2001（平成13）年以降、そうした木造住宅が急増している。今後は、木造、非木造住宅にかかわらず、ライフスタイルの多様化に合わせた住環境の整備が必要である。●POINT●

正答　×

第35問　解説

　畳などの床面に座って生活動作を行う「床座」は、高齢者には不向きな立ち座り動作、バランスを崩しやすい動作が多く、安全面の問題がある。

正答　×

速習テキスト　P97〜

第36問
次の文章の内容が適切であれば○を、不適切であれば×を選びなさい。

　相談援助における「個別化の原則」で重要なのは、本人の側に立った個別化の視点である。

◎ ○
◎ ✕

第37問
次の文章の内容が適切であれば○を、不適切であれば×を選びなさい。

　相談面接の場面では、「はい／いいえ」では答えられない「閉じられた質問」をして、被援助者自身が自分の言葉で話せるように促す。

◎ ○
◎ ✕

第38問
次の文章の内容が適切であれば○を、不適切であれば×を選びなさい。

　ケアプランはケアマネジメントを通して作成される。

◎ ○
◎ ✕

第36問　解説

　相談援助における「個別化の原則」で重要なのは、同じ障害のある人の事例であっても、本人が現在の生活や人生においてその障害をどう受け止め、どう感じているかという、本人の側に立った個別化の視点である。対象者自身の課題に対する考え方、感じ方が違えば、援助の仕方も変わってくる。 ●POINT●

正答　○

第37問　解説

　相談面接の場面では、「はい／いいえ」では答えられない「開かれた質問」をして、被援助者自身が自分の言葉で話せるように促すことが大切である。また、「はい／いいえ」で答えられる「閉じられた質問」をして、必要な情報を収集することと被援助者が自分の言葉で話すきっかけづくりを行うことも大切である。

●POINT●

正答　×

第38問　解説

　ケアマネジメントとは、さまざまなサービスの組み合わせをコーディネートするものをいう。介護支援専門員は、ケアマネジメントを通して、ケアプランを作成する。

正答　○

第39問
ケアマネジメントに関する次の①〜④の記述の中で、その内容が最も不適切なものを1つ選びなさい。

◎ ①　ケアマネジメントは、⑴相談、⑵アセスメント、⑶ケアプランの作成、⑷ケアプランの実施、⑸モニタリングという一連のプロセスで進められる。そして、⑵〜⑸のプロセスを循環させるごとに、利用者とニーズへの理解は深まることになる。

◎ ②　住宅改修では、移動、立ち座り、排泄などの基本的動作の把握が求められる。アセスメントの際は、「不安を感じることがあるか」というような利用者の主観的な事実を把握することも必要である。

◎ ③　福祉住環境整備においては、関連職との連携が重要である。たとえば、福祉住環境コーディネーターに住宅改修の相談があった場合、相談者が介護保険制度をまだ利用していないようであれば、制度の利用について介護支援専門員に話をつなげるようにする。

◎ ④　ケアプラン作成の際には、介護支援専門員はサービス提供者とともに「地域ケア会議」を開催し、最も効果的なプランを立案する。

第1章

第39問　解説

① 適切である。福祉住環境コーディネーターは、ケアマネジメントの目的や流れを理解し、住宅改修だけでなく、福祉用具も含めた全体的なプランを提案することが望まれる。

② 適切である。アセスメントの際は、客観的な事実を把握することも大切だが、利用者の主観的な事実を把握することも同様に必要である。

③ 適切である。高齢者や障害者が抱える生活課題は複雑化し、多岐にわたることから、福祉住環境整備においては関連職との連携と協働が必要である。

④ 適切でない。「地域ケア会議」ではなく「サービス担当者会議」。「ケアマネジメント」では、利用者の生活のなかでの困難な事柄を多角的に把握することが要求されるため、ケアプラン作成の際には、介護支援専門員はサービス提供者とともに「サービス担当者会議」を開催し、最も効果的なプランを立案する。

正答　④

速習テキスト P101〜

第40問
次の文章の内容が適切であれば○を、不適切であれば×を選びなさい。

　介護保険制度では、福祉用具貸与事業所および福祉用具販売事業所には福祉用具専門相談員を１名以上置くこととされている。

◎ ○
◎ ✕

第41問
次の文章の内容が適切であれば○を、不適切であれば×を選びなさい。

　増改築相談員は、工事依頼先の選定や、費用の見積もりなどの相談業務（一般消費者のためのコンサルティング業務）、指導などを行っている。

◎ ○
◎ ✕

第42問
次の文章の内容が適切であれば○を、不適切であれば×を選びなさい。

　建築士には、一級建築士、二級建築士、木造建築士の３種類の資格があり、建築物の規模、用途、構造に応じてそれぞれの業務範囲などが決められている。

◎ ○
◎ ✕

第40問　解説

　介護保険制度では、福祉用具貸与事業所および福祉用具販売事業所には福祉用具専門相談員を2名以上置くこととされている。福祉用具専門相談員は、福祉用具の選定・調整、使用方法の指導などを通じ、適切な使用のための支援を行う。　●POINT●

正答　×

第41問　解説

　増改築相談員は、住宅建築の現場に10年以上携わっており、公益財団法人住宅リフォーム・紛争処理支援センターが企画したカリキュラムの研修会を修了し、考査に合格した人で、センターに登録している人のことをいう。

正答　○

第42問　解説

　高さ13mを超え、または軒高9mを超える建築物については一級建築士でなければ、設計または工事監理を行うことはできないなど、建築物の規模、用途、構造に応じてそれぞれの業務範囲などが決められている。

正答　○

速習テキスト P110〜

第43問
次の文章の内容が適切であれば○を、不適切であれば×を選びなさい。

　福祉住環境整備相談では、対象者（本人）から直接意見や要望を聞くことが正確な情報を得ることにつながる。本人が入院中であれば、病院に出向いてその意向を確認することも検討する。

◎ ○
◎ ✕

第44問
次の文章の内容が適切であれば○を、不適切であれば×を選びなさい。

　福祉住環境整備のプランは、進行性疾患や加齢に伴う将来の身体機能の低下にも備えて幅広く提案していく必要がある。

◎ ○
◎ ✕

第45問
次の文章の内容が適切であれば○を、不適切であれば×を選びなさい。

　介護保険制度の住宅改修で、小額の工事の場合は正式な契約書のやりとりは省略して工事内容を文書で残す必要もない。

◎ ○
◎ ✕

第43問 解説

　家族からの情報収集だけでは十分でない場合もあるため、本人が入院中であれば、病院に出向いてその意向を確認したり、体調が悪い場合には、改めて本人に立ち会ってもらうことも検討する。また、それも困難な場合は、心身状態を把握している医療関係者から情報を得ることも一つの方法である。

正答 ◯

第44問 解説

　現在の状態だけでなく、進行性疾患や加齢といった、将来の身体機能の低下を考慮し、福祉住環境整備の程度や範囲を慎重に検討することは重要である。そのためには、対象者（本人）の了解を得たうえで医療機関から本人の身体機能に関する適切な情報を得ることが求められる。

●POINT●

正答 ◯

第45問 解説

　正式な契約書のやりとりを省略した場合でも、施工後にトラブルとならないよう、工事内容を文書で残し、依頼者と施工者、介護支援専門員、福祉住環境コーディネーターが共有しておくとよい。

正答 ×

第 46 問
次の文章の内容が適切であれば○を、不適切であれば×を選びなさい。

　設計・施工者を決めるに当たって、本人や家族から相談を受けた福祉住環境コーディネーターは、見積もり金額の最も安いところを推薦すべきである。

◎ ○
◎ ×

第 47 問
現地調査のチェックシートの記入内容に関する次の①〜④の記述の中で、その内容が最も不適切なものを１つ選びなさい。

◎ ①　本人の身体障害、要介護度を記入する。

◎ ②　家族状況については、同居家族に関する情報は必須であるが、別居家族であっても、介助を担うこともあるので、その状況も記入しておく。

◎ ③　ADL のレベルを判断する際には、「している ADL」だけでなく「できる ADL」についても併せてチェックしておくとよい。

◎ ④　在宅サービスの利用状況については、介護保険のサービス内容を項目化してある。これらを利用（予定は含まない）するか否かによって、福祉住環境整備の内容は大きく変わることになるので、正確に把握する必要がある。

第46問　解説

　設計・施工者の決定については、金額だけでなく、プランの利点や欠点も含めて検討すべきである。

正答　×

第47問　解説

①　適切である。主治医に相談する際や公的補助が受けられるかどうかの判断材料になるため必要である。

②　適切である。別居していても、定期的に介助を担う場合もあり、福祉住環境整備の内容を決定するための重要な要素となる。

③　適切である。ADLのレベルは、住環境によって異なる場合がある。

④　適切でない。在宅サービス（介護保険のサービス）の利用状況は、福祉住環境整備の内容に大きく影響するため、現在利用中のものだけでなく、利用予定のものも含め正確に把握する必要がある。

正答　④

速習テキスト　P116〜

15. 心身の特性

第48問
次の文章の内容が適切であれば○を、不適切であれば×を選びなさい。

　加齢によって心身の生理機能、運動機能が低下する。

◎ ○
◎ ×

第49問
次の文章の内容が適切であれば○を、不適切であれば×を選びなさい。

　一般に、流動性知能は60歳ごろまで上昇し、それを生涯維持し続ける人もある。

◎ ○
◎ ×

第50問
次の文章の内容が適切であれば○を、不適切であれば×を選びなさい。

　後天的障害の場合、生後1か月以内に生じた障害をいう。

◎ ○
◎ ×

第48問　解説

　加齢によって生理機能や運動機能が低下する。生理機能の低下から起こる高齢者特有のさまざまな身体的・精神的な症状や疾患、障害を老年症候群という。 ●POINT●

正答　○

第49問　解説

　一般に60歳ごろまで上昇し、生涯維持し続ける人があるのは結晶性知能である。流動性知能は、20歳代でピークを示し、それ以降は、個人差があるものの徐々に低下する。

正答　×

第50問　解説

　後天的障害とは、突発的な事故や、脳梗塞などの後遺症、進行性疾患等によって生じた障害をいい、障害発生の時期は問わない。

正答　×

速習テキスト　P124〜

第51問
次の文章の内容が適切であれば○を、不適切であれば×を選びなさい。

　65歳以上の高齢者の要介護となった原因として最も多いのは脳血管障害である。

◎ ○
◎ ×

第52問
次の文章の内容が適切であれば○を、不適切であれば×を選びなさい。

　2020（令和2）年の「人口動態統計」によると、わが国の高齢者死因順位の上位3つは、多いものから順に悪性新生物、心疾患、老衰である。

◎ ○
◎ ×

第53問
次の文章の内容が適切であれば○を、不適切であれば×を選びなさい。

　2019年「国民生活基礎調査」によると、要介護者等の年齢は、年齢が高い階級が占める割合が減少している。

◎ ○
◎ ×

第51問　解説

2021年「高齢社会白書」によると、65歳以上の高齢者の要介護となった原因で最も多いのは認知症で18.1%を占めている。次いで脳血管疾患（脳卒中）の15.0%、高齢による衰弱の13.3%である。　●POINT●

正答　×

第52問　解説

2020（令和2）年「人口動態統計」によると、わが国の高齢者の死因順位の第1位は悪性新生物の26.7%、第2位が心疾患の15.3%、第3位が老衰の10.6%である。

正答　○

第53問　解説

2019年「国民生活基礎調査」によると、要介護者等の年齢は、2001年には90歳以上が14.9%、85〜89歳が21.0%、80〜84歳が22.0%だったのが、2019年には90歳以上が24.2%、85〜89歳が25.1%、80〜84歳が22.2%に増加している。40〜79歳では、すべての年齢階級で減少している。

正答　×

速習テキスト　P133〜

第 54 問
次の文章の内容が適切であれば○を、不適切であれば×を選びなさい。

　脳血管障害の後遺症がある場合、一般的に日常生活は和式の生活様式の方が生活しやすい。

◎ ○
◎ ×

第 55 問
次の文章の内容が適切であれば○を、不適切であれば×を選びなさい。

　脳血管障害の急性期では、絶対安静を保つ。

◎ ○
◎ ×

第 56 問
次の文章の内容が適切であれば○を、不適切であれば×を選びなさい。

　脳血管障害の急性期とは、脳血管障害が発症して１〜２週間を指すことが多い。

◎ ○
◎ ×

第54問　解説

　脳血管障害の場合、片麻痺などの後遺症が残ることがある。畳での生活が可能な場合もあるが、一般的には、ベッドや椅子を使用する洋式の生活様式の方が生活しやすい。

正答　×

第55問　解説

　脳血管障害の急性期では、廃用症候群などの予防とADLの自立を目標として、できるだけ早期にリハビリテーション医療を開始する。作業療法士、理学療法士がリハビリテーションに関わる。

正答　×

第56問　解説

　脳血管障害の急性期とは、脳血管障害が発症して2〜4週間を指すことが多い。急性期には、手術や薬物による治療とリハビリテーション医療が中心になる。

正答　×

速習テキスト　P136〜

第57問
次の文章の内容が適切であれば○を、不適切であれば×を選びなさい。

　関節リウマチは、関節を包んでいる滑膜に炎症が生じて起こる病気である。

◎ ○
◎ ×

第58問
次の文章の内容が適切であれば○を、不適切であれば×を選びなさい。

　関節リウマチでは、下肢には症状が現れないため、移動動作には支障が生じない。

◎ ○
◎ ×

第59問
次の文章の内容が適切であれば○を、不適切であれば×を選びなさい。

　関節リウマチ発症の原因は、細菌感染である。

◎ ○
◎ ×

第57問　解説

　関節リウマチは、関節のつなぎ目を覆うように包んでいる滑膜が免疫
異常によって攻撃を受け、関節に腫れや痛みなどの炎症が起きる病気
である。病状が進行し、慢性化すると、やがて軟骨が完全になくなって
骨と骨とがくっつき、関節に変形が生じる。

正答　○

第58問　解説

　関節リウマチでは、下肢にも症状が現れ、下肢の関節に体重がかかる
移動動作では小さな段差でも痛み、すり足歩行が多くなるために、わず
かな凹凸でもつまずきやすくなる。

正答　×

第59問　解説

　関節リウマチ発症の原因は不明とされ、体質、ウイルス、生活環境、
ストレス、出産などの要因が絡んで発症すると考えられている。

●POINT●

正答　×

速習テキスト　P143〜

第60問
次の文章の内容が適切であれば○を、不適切であれば×を選びなさい。

　軽度認知障害（MCI）では、記憶障害が存在しても社会生活に支障が生じない。

◎ ○
◎ ✕

第61問
次の文章の内容が適切であれば○を、不適切であれば×を選びなさい。

　認知症で見られる記憶障害、見当識障害、実行機能障害は周辺症状に分類される。

◎ ○
◎ ✕

第62問
次の文章の内容が適切であれば○を、不適切であれば×を選びなさい。

　認知症の人の問題行動には、本人なりの理由や生活歴の背景があるため、その人の生き方を理解することが必要である。

◎ ○
◎ ✕

第60問　解説

　軽度認知障害（MCI）は、記憶障害が存在しても、社会生活に支障を生じず、認知症の定義に当てはまる段階ではない状態である。

正答　○

第61問　解説

　認知症の症状は中核症状と周辺症状（BPSD）に大別される。中核症状は、記憶障害、見当識障害、実行機能障害、失語・失認・失行などである。一方、周辺症状は、中核症状を背景として、環境や人間関係、本人の性格や心理状態、体調などが複雑に絡み合って二次的に生じる。

正答　×

第62問　解説

　認知症の人を取り巻く環境を整えることで自立性が高まり、生活が活性化される。個性の尊重した対応や意思や考え方を尊重した対応が大切である。

正答　○

第63問
次の文章の【A】の部分に当てはまる最も適切なものを①〜④の中から1つ選びなさい。

　認知症の原因疾患は100以上にも及ぶが、【A】が約2/3を占めている。【A】の原因は十分に解明されていないが、脳組織内で脳の神経細胞の減少と老人斑と呼ばれる変性蛋白の沈着がみられる。

◎　①　レビー小体型認知症
◎　②　アルツハイマー型認知症
◎　③　脳血管性認証
◎　④　ピック病

第63問　解説

　認知症の原因疾患は100以上にも及ぶが、アルツハイマー型認知症が約2/3を占めている。アルツハイマー型認知症の原因は十分に解明されていないが、脳組織内で脳の神経細胞の減少と老人斑と呼ばれる変性蛋白の沈着がみられる。

正答　②

合格エッセンス　認知症の中核症状

	症状	例
中核症状	記憶障害	物事を記憶するのが苦手になる。とくに新しいことを覚えることが困難になる。
	実行機能障害	今までできていた動作ができなくなったり、見落としたりする。計画を立てたり、手順を考えたりすることが難しくなる。
	判断力低下	自分が置かれた状況を的確に判断することや、筋道を立てて考えることができなくなる。
	抽象思考の低下	抽象的なことが考えられなくなる。
	見当識障害	時間や日付、場所、人物などが分からなくなる。
	失語	物の名前が分からなくなる。
	失行	動作を組み合わせて行う行動ができなくなる。
	失認	夫や妻など、知っているはずの人や物を認知できなくなる。

速習テキスト　P148〜

第 64 問
次の文章の内容が適切であれば○を、不適切であれば×を選びなさい。

　パーキンソン病の症状は、大脳の黒質の神経細胞が死滅し、神経伝達物質のドパミンが減少して中脳にある線条体へ十分に届かなくなるために生じる。

◎ ○
◎ ×

第 65 問
次の文章の内容が適切であれば○を、不適切であれば×を選びなさい。

　パーキンソン病の四徴は、振戦、筋固縮、無動・寡動、姿勢反射障害・歩行障害である。

◎ ○
◎ ×

第 66 問
次の文章の内容が適切であれば○を、不適切であれば×を選びなさい。

　パーキンソン病の患者を在宅で支援する場合には、その時その時の症状に合わせて福祉住環境整備を行っていくことが必要である。

◎ ○
◎ ×

第64問 解説

　パーキンソン病の症状は、中脳の黒質の神経細胞が死滅し、神経伝達物質のドパミンが減少して大脳にある線条体へ十分に届かなくなるために生じる。

正答 ×

第65問 解説

　パーキンソン病では、四徴のほか、便秘、立ちくらみなどの自律神経症状、嚥下障害、うつ、認知障害などの精神症状がみられることもある。

正答 ○

第66問 解説

　パーキンソン病のような進行性疾患の患者を在宅で支援する場合、その時々の状態とともに予後を見据えた福祉住環境整備が必要になる。日用品については、ホーン－ヤール重症度分類のステージに応じた選択やくふうが必要である。 ●POINT●

正答 ×

ステップアップ　ホーン-ヤールの重症度分類

ステージⅠ	●身体の片側にのみ障害がみられる ●軽微な機能低下
ステージⅡ	●身体の両側に振戦・筋固縮・寡動から無動が現れている ●姿勢の変化が明確に ●日常生活がやや不便 ●平衡障害はない
ステージⅢ	●姿勢反射障害の初期徴候 ●身体機能は軽度から中等度に低下する ●日常生活で介護を必要としない
ステージⅣ	●病状が進行して重症な機能障害 ●歩行や起立保持には介助を必要としない ●一部の日常生活で介助を要する
ステージⅤ	●臥床状態となる ●全面的な介助が必要

速習テキスト P153～

第67問
次の文章の内容が適切であれば○を、不適切であれば×を選びなさい。

　心筋梗塞は、冠動脈が動脈硬化などによって内腔が狭くなって血栓が形成されて起きるが、心筋が壊死することはない。

◎ ○
◎ ✕

第68問
次の文章の内容が適切であれば○を、不適切であれば×を選びなさい。

　心臓には予備能力があり、運動強度の変化に応じて働きを変化させているが、心筋梗塞では、その予備機能が低下する。

◎ ○
◎ ✕

第69問
次の文章の内容が適切であれば○を、不適切であれば×を選びなさい。

　長期間の臥床や、ギプスで関節を長期間固定しているなどで体を使わない状態が続くと、二次的障害として廃用症候群が現れる。

◎ ○
◎ ✕

第67問　解説

　心筋梗塞は、冠動脈が動脈硬化などによって内腔が狭くなって血栓が形成され、血流が途絶えて心筋が酸素・栄養不足になって壊死した状態である。狭心症の場合は、血流の減少や途絶えが一時的なため、心筋が壊死することはない。

正答　×

第68問　解説

　心筋梗塞では、心臓の予備能力が低下するため、運動強度が高くなって心臓に負担がかかりすぎないように注意する必要がある。しかし、再発を気にして運動を全くしなくなると心臓の機能が低下して働きが悪くなる可能性があるため、適度に体を動かすことが大切である。

●POINT●

正答　○

第69問　解説

　長期間の臥床や、ギプスで関節を固定しているなどで体を使わない状態が続くと、二次的障害として心身の機能に病的な症状や病気が現れる。これを廃用症候群といい、筋・骨格、皮膚、心臓・血管、肺・消化器、泌尿器、脳・神経など全身にさまざまな症状が現れる。

正答　○

速習テキスト　P159～

第 70 問
次の文章の内容が適切であれば○を、不適切であれば×を選びなさい。

　糖尿病で低血糖の状態が長期間続くと、糖尿病の三大合併症などが生じ、人工透析が必要になる場合もある。

◎ ○
◎ ✕

第 71 問
次の文章の内容が適切であれば○を、不適切であれば×を選びなさい。

　高齢者に起こりやすい骨折として、脊椎椎体圧迫骨折、上腕骨外科頸骨折、橈骨・尺骨遠位端骨折、大腿骨近位部骨折がある。

◎ ○
◎ ✕

第 72 問
次の文章の内容が適切であれば○を、不適切であれば×を選びなさい。

　視力の低下は転倒の原因につながりやすく、骨折を招くことが多いため、転倒を予防する住環境整備が重要である。

◎ ○
◎ ✕

第70問　解説

　糖尿病で高血糖の状態が長期間続くと、三大合併症と呼ばれる糖尿病網膜症、糖尿病神経障害、糖尿病腎症が生じたり、その他の合併症が生じる。糖尿病腎症が進行して腎不全になると、人工透析が必要になる。

●POINT●

正答　✕

第71問　解説

　脊椎椎体圧迫骨折は、尻もちをついたときなど脊椎の椎体部分に起こる。また、橈骨・尺骨遠位端骨折は、転倒時に手のひらをついたときに手首に起こる。大腿骨近位部骨折は、日常生活上に支障が生じやすい。

●POINT●

正答　○

第72問　解説

　高齢者の場合、白内障による視力低下、明暗順応の低下などによって転倒しやすい。転倒は骨折につながるため、足もと灯の設置などを検討する。

正答　○

速習テキスト　P166〜

第73問
次の文章の内容が適切であれば○を、不適切であれば×を選びなさい。

　肢体不自由とは、上肢、下肢に永続的な運動機能障害があり、日常生活に不自由をきたしている状態をいう。

◎ ○
◎ ×

第74問
次の文章の内容が適切であれば○を、不適切であれば×を選びなさい。

　脊髄小脳変性症は、筋萎縮、筋力低下が進行する遺伝性疾患で、徐々に筋肉が萎縮していく疾患である。

◎ ○
◎ ×

第75問
次の文章の内容が適切であれば○を、不適切であれば×を選びなさい。

　腰髄損傷（L_1〜L_5）の場合、両上肢、下肢、体幹が麻痺し、全介助が必要になるため、移動はすべて車いす使用になる。

◎ ○
◎ ×

第73問　解説

　肢体不自由とは、上肢、下肢、体幹に永続的な運動機能障害があり、日常生活に不自由をきたしている状態をいう。体幹とは、手、足、頭以外の体の部分をいう。脳や脊髄など中枢神経系の障害を原因としている場合が多い。

正答　×

第74問　解説

　脊髄小脳変性症は、四肢の動きがぎこちなくなるなどの運動失調を主症状とする病気の総称である。遺伝性と非遺伝性のものがあり、わが国では遺伝性のものが約40％を占めている。発症後2～5年の間に固縮・無動などパーキンソン病のような症状が加わることが多い。

正答　×

第75問　解説

　腰髄損傷（L_1～L_5）の場合、両上肢と体幹は正常である。L_3～L_4は短下肢装具とつえを使用することで歩行が可能である。また、L_5は歩行自立である。　●POINT●

正答　×

速習テキスト　P175～

69

第76問
次の文章の内容が適切であれば○を、不適切であれば×を選びなさい。

　片側股関節離断によって股義足を装着している場合、室内の床材は滑りにくい材質ではなく、クッション性の高い材質の床材を使用する。

◎ ○
◎ ✕

第77問
次の文章の内容が適切であれば○を、不適切であれば×を選びなさい。

　片側大腿切断で吸着式ソケットの義足を使用している場合、入浴後や就寝の際に義足を脱いだ後などは、再度義足を装着せずに両松葉杖で移動することが多い。

◎ ○
◎ ✕

第78問
次の文章の内容が適切であれば○を、不適切であれば×を選びなさい。

　両側上肢切断で能動義手を使用している場合、扉の開閉動作を行うことができないので、福祉住環境整備を行う際には、室内には扉を設置しないようにする。

◎ ○
◎ ✕

第76問　解説

　片側股関節離断によって股義足を装着している場合、居宅内は、玄関、廊下、トイレ、浴室などに手すりを設置するとともに、床材は滑りにくい材質のものを使用する。

正答　×

第77問　解説

　吸着式ソケットの義足は着脱が難しい。このため、入浴後や就寝の際に義足を脱いだ後などは、再度義足を装着せずに両松葉杖で移動することが多い。福祉住環境整備の際には、義足装着時と装着していないときのADLを把握することが必要である。

正答　○

第78問　解説

　両側上肢切断で能動義手を使用している場合、義手の手先具を使って扉を開閉できるようにするため、レバーハンドルを設置する。ただし、挙上した状態で義手を操作することは難しいため、レバーハンドルの位置に配慮することが必要である。　●POINT●

正答　×

第79問
次の文章の【A】の部分に当てはまるものを①～④の中から１つ選び
なさい。

　厚生省（現・厚生労働省）脳性麻痺研究班では、脳性麻痺につい
て「受胎から新生児期（生後４週間）までの間に生じた脳の非進行性
病変に基づく、【A】である。その症状は満２歳までに発現する」と定
義している。

◎　①　断続的、しかし変化しうる運動および姿勢の異常
◎　②　永続的、しかし変化しえない運動および姿勢の異常
◎　③　永続的、しかし変化しうる運動および姿勢の異常
◎　④　断続的、しかし変化しえない運動および姿勢の異常

第2章

第79問　解説

　厚生省（現・厚生労働省）脳性麻痺研究班では、脳性麻痺について「受胎から新生児期（生後4週間）までの間に生じた脳の非進行性病変に基づく、永続的、しかし変化しうる運動および姿勢の異常である。その症状は満2歳までに発現する」と定義している。

正答　③

 ステップアップ　**脳性麻痺の種類と特徴**

痙直型	筋の緊張が亢進し、手足が突っ張り動きにくくなる。痙直発作や、関節が一定の角度で固定されやすいために関節拘縮もしばしば起こる。 例）赤ちゃんの手を取って引き起こそうとすると頭が極端に反り返り、そのまま立ってしまう。
不随意運動型（アテトーゼ型〔ジスキネティック型〕脳性麻痺）	筋の緊張状態が不随意に高まったり低下したりする。 例）物を取ろうとしたとき、手足が不随意運動を起こしてしまい、手を伸ばして思ったとおりに取ることができない。
失調型	バランスを保ちにくく、ふらふらした状態になる。 例）縄跳びや自転車乗りがうまくできない。

速習テキスト　P182〜

第80問
次の文章の内容が適切であれば○を、不適切であれば×を選びなさい。

　在宅酸素療法（HOT）を行う場合、酸素吸入装置は火気から2ｍ以上離して使用する。

◎ ○
◎ ×

第81問
次の文章の内容が適切であれば○を、不適切であれば×を選びなさい。

　血液透析とは、腹部の臓器を包んでいる腹膜を透析膜として使用する方法で、在宅で行うことが可能である。

◎ ○
◎ ×

第82問
次の文章の内容が適切であれば○を、不適切であれば×を選びなさい。

　SpO_2（経皮的酸素飽和度）は、前かがみになる洗髪・洗体時に上昇するため、注意が必要である。

◎ ○
◎ ×

第80問 解説

酸素には、燃焼を助ける性質（支燃性）があるため、たばこ、線香などの小さな火も近づけると火が急に大きくなる。酸素吸入装置は、火気から2m以上離して使用する。 ●POINT●

正答 ○

第81問 解説

血液透析は、対象者の腕の血管から血液を体外に出して透析器で老廃物などを取り除き、きれいになった血液を体内に戻す方法である。腹部の臓器を包んでいる腹膜を透析膜として使用する方法は腹膜透析で、在宅で行うことが可能である。

正答 ×

第82問 解説

SpO_2（経皮的酸素飽和度）は、前かがみになる洗髪・洗体時、洗面時、また、和式便器での排便時の腹圧の高まりや息みによって低下するおそれがあるため、注意が必要である。

正答 ×

速習テキスト P193〜

第 83 問
次の文章の内容が適切であれば○を、不適切であれば×を選びなさい。

　普通の光をまぶしく感じることを羞明といい、視覚障害者でこの症状を訴える人は少ない。

◎ ○
◎ ✕

第 84 問
次の文章の内容が適切であれば○を、不適切であれば×を選びなさい。

　近視や遠視、乱視などは、視覚障害の一症状である視力障害である。

◎ ○
◎ ✕

第 85 問
次の文章の内容が適切であれば○を、不適切であれば×を選びなさい。

　視野の半分が欠ける半盲には、同名半盲と異名半盲があり、同名半盲では、両眼の耳側半分または鼻側半分の視野が欠損する。

◎ ○
◎ ✕

第83問　解説

　羞明は、普通の光をまぶしく感じることで、視覚障害者の多くがこの症状を訴える。羞明によって物が見えにくくなり、それを原因とした視力低下を招くこともある。福祉住環境整備を行う場合には、視覚障害者は光に対する許容範囲が非常に狭いと考えることが必要である。●POINT●

正答　×

第84問　解説

　網膜の手前で焦点が合い、遠くの物が見えにくくなるのが近視、網膜より奥で焦点が合い、物がぼやけた状態で見えるのが遠視、上下・左右方向でレンズの屈折力が異なり、どこにも像を結べず、すべてがぼやけて見えるのが乱視である。いずれも視力障害である。

正答　○

第85問　解説

　両眼の耳側半分または鼻側半分の視野が欠損するのは異名半盲である。同名半盲では、両眼の同じ側の視野に欠損が生じる。●POINT●

正答　×

速習テキスト　P202〜

第86問
次の文章の内容が適切であれば○を、不適切であれば×を選びなさい。

　加齢性難聴では、高音域から聞こえにくくなり、家庭内や地域社会でのコミュニケーションの困難・不足が生じるおそれがある。

◎ ○
◎ ×

第87問
次の文章の内容が適切であれば○を、不適切であれば×を選びなさい。

　構音障害とは、発声発語器官の働きや形態異常によって明瞭に発声や発音することが困難な状態をいう。原因に聴覚障害は含まれない。

◎ ○
◎ ×

第88問
次の文章の内容が適切であれば○を、不適切であれば×を選びなさい。

　すべての言語障害者において、コミュニケーションノートやカード、文字盤が有効なコミュニケーションの方法である。

◎ ○
◎ ×

第86問 解説

　加齢性難聴では、高音域から聞こえにくくなることと、言葉が聞き取りにくくなる。何を言っているのかが聞き取れない、別の言葉に聞こえるなどによって家庭内や地域社会でのコミュニケーションが困難・不足することで孤立化したり、社会活動が減少するなどの問題が起こりやすい。

正答 ○

第87問 解説

　構音障害の原因として、発声発語器官の運動障害や、脳性麻痺、形態異常、聴覚障害などがあげられる。

正答 ×

第88問 解説

　言語障害には、失語症、構音障害、音声障害などがある。コミュニケーションノートやカード、文字盤がすべての言語障害者に有効なコミュニケーション方法ということはできない。症状に合わせて選択することが必要である。

正答 ×

速習テキスト P209〜

第89問
次の文章の内容が適切であれば○を、不適切であれば×を選びなさい。

　自閉症の場合、社会性の能力の障害、コミュニケーション能力の障害、想像力の障害とそれに伴う行動の障害が特徴である。

◎ ○
◎ ✕

第90問
次の文章の内容が適切であれば○を、不適切であれば×を選びなさい。

　高次脳機能障害は周囲からわかりにくい障害で、本人の障害に対する認識も低いため、家族が心理的に孤立しがちである。また、介護による精神的な負担も加わり、適切な対応ができなくなることもある。

◎ ○
◎ ✕

第91問
次の文章の内容が適切であれば○を、不適切であれば×を選びなさい。

　学習障害の特徴の一つに衝動性があり、急に物を投げたり叩いたりすることがあり、ガラスに飛散防止フィルムを張る、床にクッションを敷くなどの配慮が必要である。

◎ ○
◎ ✕

第89問　解説

　社会性の能力の障害、コミュニケーション能力の障害、想像力の障害とそれに伴う行動の障害は自閉症の特徴的症状である。また、物事へのこだわりが強く、住環境の変化に対応しづらい。新しい環境に不安を感じて住環境の変化に対応できないことがあるため、住環境整備の際には配慮が必要である。●POINT●

正答　○

第90問　解説

　高次脳機能障害は周囲からわかりにくい障害であるとともに、本人の障害に対する認識も低い。家族は心理的に孤立しがちであり、ここに介護による精神的な負担が加わって適切な対応ができなくなることもある。このため、本人の状態が悪化するという悪循環に陥りやすい。

正答　○

第91問　解説

　特徴の一つとして衝動性があげられるのは注意欠陥多動性障害である。不注意、衝動性、多動性などが特徴のため、壊れやすい物は片づける、床に不要なものは置かないなどの対策が効果的である。

正答　×

速習テキスト　P215〜

第92問
次の文章の内容が適切であれば○を、不適切であれば×を選びなさい。

　精神障害者のリハビリテーションには、作業療法やレクリエーション療法のほか、ROM訓練がある。

◎ ○
◎ ×

第93問
次の文章の内容が適切であれば○を、不適切であれば×を選びなさい。

　知的障害は、知的機能が明らかに平均より低い、適応技能に問題がある、18歳以前に発症しているという特徴がある。

◎ ○
◎ ×

第94問
次の文章の内容が適切であれば○を、不適切であれば×を選びなさい。

　知的障害児・者の場合、大声をあげたり、泣いたりして要求することがあり、周囲はそれをすべてかなえていくことが必要である。

◎ ○
◎ ×

第92問　解説

　ROM訓練は関節可動域訓練のことで、精神障害者に対するリハビリ
テーションではない。精神障害者に対するリハビリテーションは、作業
療法、レクリエーション療法、ソーシャルスキルズ・トレーニング（SST：
生活技能訓練）などがある。ソーシャルスキルズ・トレーニングは、対
人関係において意思疎通を図るための能力や金銭および服薬などの自己
管理の技能の改善を目的に行う系統的な学習訓練である。

正答　×

第93問　解説

　知的障害は、知的機能が明らかに平均より低い（おおむね知能指数
70以下）、意思伝達や自己管理などの適応技能に問題がある、18歳以
前に発症しているという3つの特徴があり、知的障害に認定されると、
自治体から療育手帳が交付される。

正答　○

第94問　解説

　知的障害児・者の場合、大声をあげたり、泣いたりして要求すること
があるが、それをすべてかなえてしまうと要求行動が偏って定着し悪循
環になる可能性もある。介助が過剰にならないようにすることが必要で
ある。

正答　×

速習テキスト　P222〜

建　築

30. 段差の解消・床材の選択

第95問

次の文章の内容が適切であれば○を、不適切であれば×を選びなさい。

図 は、段差を解消するためのミニスロープである。

◎ ○
◎ ×

第96問

次の文章の内容が適切であれば○を、不適切であれば×を選びなさい。

図 は、段差の解消のため床に取り付けるフラットレールである。

◎ ○
◎ ×

第97問

次の文章の内容が適切であれば○を、不適切であれば×を選びなさい。

図 は、床板に直接V溝レールを埋め込む方法である。

◎ ○
◎ ×

第95問　解説

　図はへの字プレートである。廊下と洗面・脱衣室とで床仕上げ材が異なる場合、床仕上げを分けるために建具敷居を用いる。建具敷居による段差を解消するには、敷居を埋め込むか、敷居を用いず、異なる仕上げの境目にへの字プレートを上からかぶせる。●POINT●

正答　×

第96問　解説

　引き戸の敷居周辺の段差解消には、フラットレールを床面に取り付ける方法とV溝レールを床面に埋め込む方法がある。図はフラットレールである。フラットレールの取り付けは、平坦な床面に板状のレールを固定するだけなので比較的容易である。フラットレールを設置する場合は、床板の表面からレール厚さ分（5mm弱）の緩やかな凸部があるので、生活するうえで支障がないか確認することが必要である。

正答　○

第97問　解説

　床面にV溝レールを埋め込むには、床板に直接V溝レールを埋め込む方法とV溝レールをあらかじめ埋め込んだ部材を引き戸の敷居に埋め込む方法　　　　　　　　　　の2つの方法がある。

正答　○

第 98 問
次の文章の内容が適切であれば○を、不適切であれば×をつけたとき
の正しい組み合わせを①～④の中から1つ選びなさい。

(a)　床材を選択するときには、300mm × 300mm 以上の大きいサ
　　ンプルを入手し、確認するのがよい。

(b)　フローリング材は、表面のつき板の厚さが1mm以上あるものを
　　選ぶ。

(c)　屋内を自走用の車いすで移動する場合、床材は、使用する車いす
　　の車輪の色と床材の色とを比べ、目立ちやすい色を選択する。

(d)　電動車いすを使用する場合、使用者の体重と電動車いす自体の重
　　量が床面に加わるため、既存の住宅では、床下地を補強する改修工
　　事が必要となる場合がある。

◎ ①　(a)○　　(b)○　　(c)×　　(d)○
◎ ②　(a)○　　(b)×　　(c)○　　(d)×
◎ ③　(a)×　　(b)○　　(c)○　　(d)○
◎ ④　(a)×　　(b)×　　(c)×　　(d)○

第98問　解説

(a) ○　床材を選択するときには、300mm × 300mm 以上の大きいサンプルを入手し、靴や裸足、靴下履きなど、ふだんの使用状況に近く、最も滑りやすい状態で実際に確認する。

(b) ○　フローリング材は、表面のつき板の厚さが0.3mm前後のものだと、下地まで傷つけてしまうおそれがあるので、つき板の厚さは1mm以上あるものを選ぶ。

(c) ×　自走用の車いすで移動した際に、車輪のゴム跡が床面に付く場合があり、ゴム跡は取り除くことが難しいため、屋内を自走用の車いすで移動する場合、床材は、使用する車いすの車輪の色と床材の色とを比べ、目立ちにくい色を選択する。

(d) ○　電動車いすを使用する場合、使用者の体重と電動車いす自体の重量が床面に加わるため、大引や根太などの下地強度を設計当初から検討する必要がある。

正答　①

速習テキスト　P230 〜

第99問
次の文章の内容が適切であれば○を、不適切であれば×を選びなさい。

　階段や廊下の手すりは、手を滑らせながら使うため、直径は細めの 28 〜 32mm 程度とする。

◎ ○
◎ ×

第100問
次の文章の内容が適切であれば○を、不適切であれば×を選びなさい。

　屋外に手すりを設置する場合、耐久性を考えて金属製の手すりを選択する。

◎ ○
◎ ×

第101問
次の文章の内容が適切であれば○を、不適切であれば×を選びなさい。

　横手すりの高さは、一般的に、手すりの上端を利用者の大腿骨大転子の高さに合わせるのがよいとされている。

◎ ○
◎ ×

第99問　解説

　階段や廊下の手すりは、手を滑らせながら使うため、太いほうが安定感がある。直径は32〜36mm程度とする。直径28〜32mm程度の細めの手すりは、トイレや浴室などでの重心の上下移動等に用いる。

●POINT●

正答　×

第100問　解説

　屋外に手すりを設置する場合、耐候性のある材質で感触もよい樹脂被覆製の手すりなどが適している。金属製の手すりは、冬に冷たく夏に熱く感じるので避けたほうがよい。　●POINT●

正答　×

第101問　解説

　横手すりの高さは、一般的には、手すりの上端を利用者の大腿骨大転子の高さに合わせるとされている。しかし、関節リウマチなどで手指に拘縮があって手すりをしっかりと握ることができない場合は、主に身体バランスの安定を目的として、肘から先の前腕全体を手すりに軽く置く程度の高さに取り付ける。

正答　○

合格エッセンス　手すり端部の形状

○　望ましい手すりの例

手すりの端部を壁側に曲げ込む。

×　望ましくない手すりの例

エンドキャップをつけるだけでは不十分。

衣服の袖口を手すりの端部に引っかけやすい。

速習テキスト　P237〜

89

第102問
次の文章の内容が適切であれば○を、不適切であれば×を選びなさい。

　リフォームを行う際にモジュールをずらす方法を取り入れると、コストが安く、工期も短くなる。

◎ ○
◎ ×

第103問
次の文章の内容が適切であれば○を、不適切であれば×を選びなさい。

　引き戸は、容易に開閉できるため福祉住環境整備には最も好ましいタイプである。引き違い戸、片引き戸、引き分け戸、引き込み戸がある。

◎ ○
◎ ×

第104問
次の文章の内容が適切であれば○を、不適切であれば×を選びなさい。

　車いすを使用する場合、開き戸では建具の把手側に450mm以上の袖壁があると開閉が容易になる。

◎ ○
◎ ×

第102問　解説

リフォームを行う際にモジュールをずらす方法を取り入れると、広く流通している既製の部材とは異なった寸法の建材が必要となるので、多くの場合、コストが高く、工期も長くなる。　●POINT●

正答　×

第103問　解説

引き戸には片引き戸から4枚引き戸まであり、用途によって使い分ける。高齢者や障害者に使用されるのは、開口幅が大きくとれる3枚引き戸である。福祉住環境整備には最も好ましいタイプであるが、開き戸と比べて気密性が低いので注意が必要である。

正答　○

第104問　解説

建具回りのスペースは、開き戸では、建具の把手側に300mm以上の袖壁を設けると開閉時に体をよけるスペースができる。車いすを使用する場合には、450mm以上の袖壁があると開閉が容易になる。

正答　○

🔊 キーワード　モジュール

尺度。建築における設計基準となる寸法のこと。わが国の在来工法による木造住宅においては、標準的に3尺（910mm）を基本とした尺貫法が用いられている。しかし、車いすの使用や介護スペースの確保という観点から、メーターモジュール（1mが基本）の採用も増えつつある。

速習テキスト　P242～

第105問
次の文章の内容が適切であれば○を、不適切であれば×を選びなさい。

　高齢者には落ち着いた色彩が適しているため、住宅全体をダークオークなどでまとめるようにする。

◎ ○
◎ ✕

第106問
次の文章の内容が適切であれば○を、不適切であれば×を選びなさい。

　視機能が徐々に低下した場合、本人が自覚していないこともあるので、実際の暗がりで本人や家族に確認してもらう。

◎ ○
◎ ✕

第107問
次の文章の内容が適切であれば○を、不適切であれば×を選びなさい。

　広い部屋で対流暖房を用いると一方向から温風が当たり、体の一部分だけを温め過ぎることがある。

◎ ○
◎ ✕

第105問　解説

　高齢者には落ち着いた色彩が適しているが、住宅全体をダークオークなど暗い色彩でまとめると重苦しく変化の乏しい雰囲気になりがちなため、部屋の一部だけでも、明るい壁紙などをアクセントとして取り入れるようにする。

正答　×

第106問　解説

　また、高齢者は廊下や階段などの照明を点灯するのを面倒に思って薄暗いまま移動することがあるので、明るさ感知式スイッチや人感スイッチなどの採用を検討する。

正答　○

第107問　解説

　対流暖房は、エアコンやファンヒーターなど、温風によって室内を暖める暖房方法である。短時間で暖まるのが利点だが、天井と床面付近の温度差が大きくなる。また、狭い部屋では一方向から温風が当たり、体の一部分だけを温めすぎることがある。

正答　×

速習テキスト　P249～

第108問
次の文章の内容が適切であれば○を、不適切であれば×を選びなさい。

　原則として、すべての住宅に対して住宅用火災警報器を設置することが義務づけられている。

◎ ○
◎ ×

第109問
次の文章の内容が適切であれば○を、不適切であれば×を選びなさい。

　住宅用火災警報器は、煙や熱を感知すると単独で大警報音を発するタイプのみである。

◎ ○
◎ ×

第110問
次の文章の内容が適切であれば○を、不適切であれば×を選びなさい。

　都市ガス用のガス警報器は、ガス器具より上方に、LPガス用のガス警報器は、ガス器具より下方に設置する。

◎ ○
◎ ×

第108問　解説

　住宅火災の死者数（多くは発生に気づかないことによる逃げ遅れが原因）の増加傾向を受けて2004（平成16）年に「消防法」が改正され、原則としてすべての住宅に対して、寝室と寝室がある階の階段上部（1階の階段は除く）に住宅用火災警報器を設置することが義務づけられている。

正答　○

第109問　解説

　住宅用火災警報器は、煙と熱を感知すると単独で大警報音を発するタイプと、連動設定しているすべての警報器が警報音を発するタイプがある。

正答　×

第110問　解説

　都市ガス用のガス警報器は、都市ガスが空気より軽いためガス器具より上方に、LPガス用のガス警報器は、LPガスが空気より重いためガス器具より下方に設置する。

正答　○

速習テキスト　P255〜

第111問
次の文章の内容が適切であれば○を、不適切であれば×を選びなさい。

　介護保険制度では、住宅改修費として支給限度基準額の５割を限度に償還払いで支給される。

◎ ○
◎ ×

第112問
次の文章の内容が適切であれば○を、不適切であれば×を選びなさい。

　ホームエレベーターなどの複雑な機構をもつ福祉用具を導入する場合、イニシャルコストのみに考慮すればよい。

◎ ○
◎ ×

第113問
次の文章の内容が適切であれば○を、不適切であれば×を選びなさい。

　住宅改修費は、工事を始めてから予想以上の経費がかかる場合があるため、予算は多少の余裕をみて立てる。

◎ ○
◎ ×

第111問　解説

　介護保険制度では、住宅改修費として支給限度基準額（20万円）の原則9割を限度に、償還払いされる。

正答　×

第112問　解説

　ホームエレベーターなどの複雑な機構をもつ福祉用具を導入する場合、イニシャルコスト（機器を設置するために必要な工事費用など最初にかかる経費）、メンテナンスコスト（月ごとまたは年ごとにかかる保守点検のための経費）、ランニングコスト（電気代など日々の利用に必要となる経費）を考慮することが必要である。●POINT●

正答　×

第113問　解説

　住宅改修費は、工事を始めてから予想以上の経費がかかる場合があるため、予算は多少の余裕をみて立てることが必要である。事前に設計者や施工者に依頼して現場を確認してもらうことで、予算増加のリスクを軽減することができる。

正答　○

速習テキスト　P258〜

第114問
次の文章の内容が適切であれば○を、不適切であれば×を選びなさい。

　木造住宅では、最下階の床面は直下の地面から 450mm 以上の間隔を取り、床下換気口を設けなければならない。

◎ ○
◎ ×

第115問
次の文章の内容が適切であれば○を、不適切であれば×を選びなさい。

　玄関ドア前から門扉までのスロープの設置は、現在、車いすを使用している人に対する屋外整備である。

◎ ○
◎ ×

第116問
次の文章の内容が適切であれば○を、不適切であれば×を選びなさい。

　アプローチに階段を設ける場合、段鼻部分は踏面と同色とし、ノンスリップ加工のタイルを使用する。

◎ ○
◎ ×

第114問　解説

　床下の風通しをよくすることで腐食を防ぐため、最下階の床面は直下の地面から450mm以上の間隔を取り、床下換気口を設けるよう「建築基準法」で定められている。

正答 ○

第115問　解説

　スロープの設置は、現在、車いすを使用している人だけでなく、将来車いすの使用が予想される場合にも適した屋外整備である。玄関前から門扉までのスロープの幅は900mm以上（自走式の場合1,000mm程度）、勾配はできるだけ緩やかなほうがよい。一般的には1/12 ～ 1/15を基本とする。●POINT●

正答 ×

第116問　解説

　アプローチに階段を設ける際には、蹴上げ寸法110 ～ 160mm程度、踏面寸法300 ～ 330mm程度とし、安全を考慮して、段鼻部分は踏面と異なった色のものを用いて注意を促し、ノンスリップ加工のタイルにする。

正答 ×

速習テキスト　P260～

第117問
次の文章の内容が適切であれば○を、不適切であれば×を選びなさい。

　玄関にベンチを設置すると、ベンチに腰掛けてから上がりがまちの段差を越えることができるため、昇降動作の負担が軽くなる。

◎ ○
◎ ×

第118問
次の文章の内容が適切であれば○を、不適切であれば×を選びなさい。

　一般的な玄関戸の有効幅員は、800〜850mm程度である。

◎ ○
◎ ×

第119問
次の文章の内容が適切であれば○を、不適切であれば×を選びなさい。

　屋外用車いすを使用する場合の玄関土間の間口は、車いすの全幅に1,000mm程度加えた幅が必要である。

◎ ○
◎ ×

第117問　解説

　ベンチを設置する場合、上がりがまちとの位置関係、ベンチの座面の高さと玄関ホール部分や土間部分の高さとの関係をよく確認する。ベンチ座面端部から250〜300mm程度の位置に縦手すりを設置すると立ち上がりやすくなる。

正答　○

第3章

第118問　解説

　一般的な玄関戸の有効幅員は、700〜750mm（壁芯−芯距離910mm）程度である。バリアフリー仕様の製品には有効幅員が800〜850mm（壁芯−芯距離は1,000mm）のものが増えている。

正答　×

第119問　解説

　屋外用車いすを使用する場合、玄関土間の間口は、車いすの全幅に1,000mm程度加えた幅が必要なため、最低でも有効寸法1,650mm（壁芯−芯距離1,820mm）程度、可能であれば2,100mm（壁芯−芯距離2,275mm）程度を確保する。

正答　○

速習テキスト P267〜

第120問
次の文章の内容が適切であれば○を、不適切であれば×を選びなさい。

　高齢者が夜間にトイレに行きやすいようにするためには、廊下の足もと灯は照度を50ルクス以上にする。

◎ ○
◎ ×

第121問
次の文章の内容が適切であれば○を、不適切であれば×を選びなさい。

　介助歩行の場合、介助者が利用者の斜め前から支えて歩行することが多いので、1.5人分の有効幅員が必要である。

◎ ○
◎ ×

第122問
次の文章の内容が適切であれば○を、不適切であれば×を選びなさい。

　つえ歩行の利用者の場合、廊下の床仕上げは、つえが床にぶつかる音を吸収するよう毛足の長いじゅうたんにする。

◎ ○
◎ ×

第120問　解説

移動の際には、足もとが確認できるよう、寝室の出入り口からトイレまでの動線の要所に、照度50ルクス以上の足もと灯を補助照明として設置する。

正答　○

第121問　解説

介助歩行の場合、介助者が利用者の斜め後ろから支えて歩行することが多いので、1.5人分の有効幅員が必要である。ただし、通常の通行幅員（750〜780mm程度）があれば、最低限度の介助歩行は可能である。
●POINT●

正答　×

第122問　解説

つえ歩行の利用者の場合、つえが床にぶつかる音を吸収するよう、廊下の床仕上げにタイルカーペットを使用するのが適切である。毛足の長いじゅうたんは、爪先をひっかけて転倒する危険がある。

正答　×

速習テキスト　P273〜

103

第123問

次の文章の内容が適切であれば○を、不適切であれば×を選びなさい。

　図の階段は、中途半端な広さの回り部分で体の方向を転換しながらの昇降となるので、転落の危険性が高い。

◎ ○

◎ ×

図

第124問

次の文章の内容が適切であれば○を、不適切であれば×を選びなさい。

　図の階段は、平坦な踊り場でひと休みでき、かつ安全に体の向きを変えることができる。万一の転落時にも、上方から一気に階下まで落下せず踊り場で止まるので、大けがをする危険性が低い。

◎ ○

◎ ×

図

第125問

次の文章の内容が適切であれば○を、不適切であれば×を選びなさい。

　図の階段は、同じテンポで昇降でき、体の方向転換が不要なため昇降しやすい。見通しもよく、安全な階段といえる。

◎ ○

◎ ×

図

第123問　解説

　図の回り階段（180度均等6ツ割階段）は、回り部分が中途半端な広さとなり、そこでの転落事故の危険性が高い。

正答　○

第124問　解説

　図の踊り場付き階段は、記述のように、高齢者にとって、安全に体の向きを変えることができ、なおかつひと休みできる平坦な場所（ここでは踊り場）があるため、安全に昇降できる。勾配が緩やかならば、なおよい。 ●POINT●

正答　○

第125問　解説

　図の直線階段は、体の方向転換は不要だが、転落するときには、階下まで一気に落ちてしまうため、大けがをしてしまう危険性が高い。

正答　×

第126問
次の文章の【A】の部分に当てはまる最も適切なものを①〜④の中から1つ選びなさい。

　高齢者等配慮対策等級5、4の対象者を考慮する場合、階段の形状には【A】を用いないようにする。等級3以下の場合は、【A】の使用も認められている。
◎ ①　踊り場付き階段
◎ ②　吹き寄せ階段
◎ ③　回り階段
◎ ④　直線階段

第126問　解説

　高齢者等配慮対策等級5、4の対象者を考慮する場合、階段の形状には回り階段を用いないようにする。等級3以下の場合は、回り階段の使用も認められている。　●POINT●

正答　③

合格エッセンス　階段での有効幅員の算定

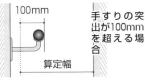

100mmまでは手すりがないものとして階段幅を算定する。

手すりの先端から100mmのところから算定する。

速習テキスト　P279〜

第127問
次の文章の内容が適切であれば○を、不適切であれば×を選びなさい。

　利用者の自立した排泄を促すため、寝室とトイレの距離をできるだけ短くして、移動を容易にする。

◎ ○
◎ ×

第128問
次の文章の内容が適切であれば○を、不適切であれば×を選びなさい。

　股関節の動きに制限や痛みを伴う場合は、下肢を屈曲させにくいので、便器の座面の高さを低くする。

◎ ○
◎ ×

第129問
次の文章の内容が適切であれば○を、不適切であれば×を選びなさい。

　歩行が可能な場合の標準的な洋式便器の便座面の高さは、370〜390mm程度である。

◎ ○
◎ ×

第127問　解説

　高齢者の場合、寝室からトイレの出入り口までの距離がおおむね4m
を超えると遠いと感じてしまう。このため、寝室とトイレを隣接させた
り、寝室から直接トイレに行けるように扉を設けたりするとよい。

正答　○

第128問　解説

　関節リウマチや骨折などで股関節の動きに制限や痛みを伴う場合は、
下肢を屈曲させにくいので、便器をかさ上げし、座面の高さを高くす
る。膝関節等に痛みを伴う場合も同様である。

正答　×

第129問　解説

　歩行が可能な場合の標準的な洋式便器の便座面の高さは、370～
390mm 程度である。座位姿勢が保ちにくい場合は、踵や足底が床面に
着くように、便座面高さに配慮する。　●POINT●

正答　○

速習テキスト　P284～

第130問
次の文章の内容が適切であれば○を、不適切であれば×を選びなさい。

入浴動作は、日常生活動作 (ADL) の中でも最も簡単な動作である。

◎ ○
◎ ×

第131問
次の文章の内容が適切であれば○を、不適切であれば×を選びなさい。

浴室の戸は、内開き戸や折れ戸より、3枚引き戸が望ましい。

◎ ○
◎ ×

第132問
次の文章の内容が適切であれば○を、不適切であれば×を選びなさい。

浴室の出入り口にグレーチングを設置する場合、浴室床の水勾配は出入り口とは反対側に向ける。

◎ ○
◎ ×

第130問　解説

　入浴は、狭いスペースでさまざまな動作を行わなければならないだけでなく、浴室は水を使うために濡れて滑りやすい。このため、入浴動作は日常生活動作（ADL）の中でも最も難しい動作である。

正答　×

第131問　解説

　一般的に、浴室の戸は戸に付いたしずくが洗面・脱衣室側に落ちないようにするため内開き戸である。しかし、浴室内で倒れた場合など、外から戸が開きにくいこともある。また、折れ戸の場合、開閉操作がしづらいこともあり、3枚引き戸が望ましい。●POINT●

正答　○

第132問　解説

　浴室の出入り口にグレーチングを設置する場合、出入り口の洗い場側または開口部下枠の下部に排水溝を設け、その上に敷設する。

●POINT●

正答　○

合格エッセンス　グレーチング

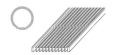
角パイプ・T型バーを開口面（出入り口）に対して平行に組み合わせたグレーチング
上を車いすや人が通ってもがたつかない。

開口面（出入り口）に対して直角に設けられたグレーチング
上面を湯水が通り、洗面・脱衣室内が濡れやすくなる。車いすのキャスタがはまり込みやすい。

パンチング型グレーチング
メンレス板に穴を開けたものは、湯水が洗面・脱衣室内に入りやすく、上を通るとたわむことがある。

第133問
次の文章の【A】、【B】の部分に当てはまるものの組み合わせで最も
適切なものを①〜④の中から1つ選びなさい。

　高齢者や障害者に適した浴槽（【A】）の大きさは、長さ（外形寸法）
1,100 〜 1,300mm、横幅（外形寸法）700 〜 800mm、深さは
【B】程度が適している。
◎ ①　【A】和式浴槽　　　　【B】500mm
◎ ②　【A】和洋折衷式浴槽　【B】400mm
◎ ③　【A】和洋折衷式浴槽　【B】500mm
◎ ④　【A】和式浴槽　　　　【B】400mm

第133問 解説

　高齢者や障害者に適した浴槽（和洋折衷式浴槽）の大きさは、長さ（外形寸法）1,100 ～ 1,300mm、横幅（外形寸法）700 ～ 800mm、深さは500mm程度が適している。

正答 ③

 ステップアップ　浴室内の手すりの種類と位置

浴室内に取り付ける手すりは、下図のようにするのが一般的だが、対象者の身体状況に応じて必要な場所に取り付ける。

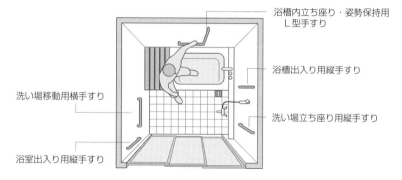

浴槽内立ち座り・姿勢保持用
L型手すり

浴槽出入り用縦手すり

洗い場移動用横手すり

洗い場立ち座り用縦手すり

浴室出入り用縦手すり

速習テキスト P295 ～

第134問
次の文章の内容が適切であれば○を、不適切であれば×を選びなさい。

　洗面・脱衣室は、利用者が立ったままで洗面や着脱衣ができる広さをまず確保する。

◎ ○
◎ ×

第135問
次の文章の内容が適切であれば○を、不適切であれば×を選びなさい。

　洗面カウンターの水栓金具は、シングルレバー混合水栓で、レバー部分が短い形状のものを選択する。

◎ ○
◎ ×

第136問
次の文章の内容が適切であれば○を、不適切であれば×を選びなさい。

　車いすを使用している利用者の場合、洗面カウンターは取り付け高さを床面から720〜760mm程度にする。

◎ ○
◎ ×

第134問　解説

　洗面・脱衣室は、利用者がいすに腰掛けながら洗面や着脱衣ができる広さをまず確保する。また、介助者のスペースを確保するなど、高齢者や障害者が利用しやすい洗面・脱衣室とするためには、間口・奥行きともに1,650mm程度の有効スペースが必要である。

正答　×

第135問　解説

　洗面カウンターの水栓金具は、吐水や止水、水温調節などの操作が片手一本で可能なシングルレバー混合水栓で、レバー部分が長い形状のものを選択すると使いやすい。●POINT●

正答　×

第136問　解説

　車いすを使用している利用者の場合、洗面動作上の使い勝手のよさから、カウンター式の洗面台が適している。このため、一般的に車いす対応の洗面カウンターが採用されている。取り付け高さは床面から720〜760mm程度が適している。

正答　○

速習テキスト　P305〜

第137問
次の文章の内容が適切であれば○を、不適切であれば×を選びなさい。

　Ｉ型キッチンは、車いすの移動特性に適していて、アプローチしやすいという特徴がある。

◎ ○
◎ ×

第138問
次の文章の内容が適切であれば○を、不適切であれば×を選びなさい。

　電磁調理器（IHヒーター）は、天板部は発熱しないが、鍋を下ろした直後の加熱部分は鍋からの余熱で熱いため、やけどに注意する。

◎ ○
◎ ×

第139問
次の文章の内容が適切であれば○を、不適切であれば×を選びなさい。

　小柄な高齢者の場合、通常のキッチンカウンターは調理の際に高すぎるため、台輪部分を切り詰めて高さを調節する。

◎ ○
◎ ×

第137問　解説

　車いすの移動特性に適していて、アプローチしやすいという特徴があるのはL型キッチンである。I型キッチンの特徴として、動線が単純、小規模なキッチンでは移動距離が短いことがあげられる。

正答　×

第138問　解説

　電磁調理器（IHヒーター）は、鍋自体が発熱する仕組みであるが、鍋を下ろした直後の加熱部分は鍋からの余熱で熱くなっている。天板がフラットなため、鍋を横に滑らしたり、コンロの掃除が容易である。

正答　○

第139問　解説

　通常のキッチンカウンターは、小柄な高齢者やいす座での調理には高すぎる。このため、台輪（キッチンカウンター下部の収納部分の下方にある高さ100mm程度の下枠）部分を切り詰めて高さを調節するが、この部分が収納スペースになっていて切り詰められない場合もある。

正答　○

合格エッセンス　キッチンの配置と特徴

	平面図	特徴
I型		動線が単純 小規模なキッチンでは移動距離が短い （規模が大きくなると移動距離も長くなる）
L型		体の向きを変える必要があるが距離が短い 車いすでアプローチしやすい 室形状が四角く、より広いスペースが必要

速習テキスト　P309～

第140問
次の文章の内容が適切であれば○を、不適切であれば×を選びなさい。

　寝室の床面は、日光が反射しない仕上げのフローリングや畳とし、座位移動の場合にはカーペット敷きやコルク床なども検討する。

◎ ○
◎ ✕

第141問
次の文章の内容が適切であれば○を、不適切であれば×を選びなさい。

　寝室の照明は、ベッドに仰臥した状態で、直接光源が目に入らないように配慮する。

◎ ○
◎ ✕

第142問
次の文章の内容が適切であれば○を、不適切であれば×を選びなさい。

　車いすを使用している利用者の場合、使いやすい照明のスイッチの位置は床面から800 ～ 900mmが目安である。

◎ ○
◎ ✕

第140問　解説

　寝室の床面に反射率の高いつやのある床材を使用すると、日光の反射によってまぶしく感じることがあるので、日光が反射しない仕上げのフローリングや畳を使用する。コルク床にする場合には、できるだけコルク材が厚いものを選択する。　●POINT●

正答　○

第141問　解説

　寝室の照明は、光源にシェードをつける、間接照明を使用する、ベッドから直接見えない位置に光源を取り付けるなどによって直接光源が目に入らないように配慮する。

正答　○

第142問　解説

　車いすを使用している利用者の場合、使いやすい照明のスイッチの位置は床面から900～1,000mmが目安である。800～900mmは、上肢に障害があり、腕を高く上げられない場合である。

正答　×

 ステップアップ　　寝室の照明についての留意点

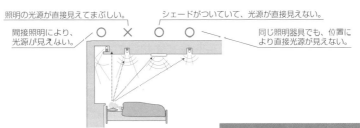

速習テキスト　P314～

第143問
次の文章の内容が適切であれば○を、不適切であれば×を選びなさい。

建築図面に用いられる表示記号のうち、図  は平面図においてスロープを表す記号である。

◎ ○
◎ ×

第144問
次の文章の内容が適切であれば○を、不適切であれば×を選びなさい。

建築図面に用いられる表示記号のうち、図 は平面図において伸縮間仕切りを表す記号である。

◎ ○
◎ ×

第145問
次の文章の内容が適切であれば○を、不適切であれば×を選びなさい。

建築図面で用いられる材料構造の表示記号のうち、
図 ═══◇═══ は縮尺 1/20 または 1/50 程度の場合のコンクリートおよび鉄筋コンクリートを表す記号である。

◎ ○
◎ ×

第143問　解説

　図は平面図において床段差を表す記号で、数字は段差の数値である。スロープを表す記号は　　　　　　である。

正答　×

第144問　解説

　図は平面図において床仕上げ省略表記を意味し、床や階段などの長さを省略する際に用いる記号である。

正答　×

第145問　解説

　構造材や仕上げ材ごとに表現方法が決められている。図は縮尺 1/100 または 1/200 程度の場合のコンクリートおよび鉄筋コンクリートを表す記号で、1/20 または 1/50 程度の場合の記号は　　である。

正答　×

速習テキスト P318〜

第146問
次の文章の内容が適切であれば○を、不適切であれば×を選びなさい。

　建物の全体像を把握するのに最も有効な建築図面は、断面図である。

◎ ○
◎ ×

第147問
次の文章の内容が適切であれば○を、不適切であれば×を選びなさい。

　建物の外周を横から描く唯一の図面が立面図で、筋かいの有無を確認できる。

◎ ○
◎ ×

第148問
次の文章の内容が適切であれば○を、不適切であれば×を選びなさい。

　2階建ての住宅の1階部分にある屋根は、屋根伏図に記載される。

◎ ○
◎ ×

第146問　解説

　建物のすべての部分（プラン）を表現しているのは平面図で、全体像の把握に最も有効な建築図面である。断面図は、建物を垂直方向に切って切り口を横から見た図面である。必要な天井高さなどを確認できる。

正答　×

第147問　解説

　建物の外周を横から描く唯一の図面が立面図で、建物の外壁面の数だけ描かれる。外壁の撤去を検討する際には、筋かいの有無を確認できる。筋かいの位置については、立面図のほか、構造図、平面図でも確認できる。

正答　○

第148問　解説

　屋根伏図は、建物の屋根や屋上を真上から見た状況を表現している。屋根伏図で描かれるのは最上階の屋根のため、２階建て住宅の１階部分にある屋根は、２階平面図と一緒に記載される。

正答　×

速習テキスト　P324〜

第149問
次の文章の内容が適切であれば○を、不適切であれば×を選びなさい。

　キッチンと食事室が一体になったダイニングキッチンでは、部屋全体が内装制限を受ける。

◎ ○
◎ ✕

第150問
次の文章の内容が適切であれば○を、不適切であれば×を選びなさい。

　マンションなどの分譲共同住宅の場合、利用者が区分所有者であれば、許可を得ることなく共用部分を自由にリフォームすることができる。

◎ ○
◎ ✕

第151問
次の文章の内容が適切であれば○を、不適切であれば×を選びなさい。

　見積書のうち、工事費内訳書には、工事費科目ごとの明細が記載されている。

◎ ○
◎ ✕

第149問　解説

　キッチンなど火気を使用する部屋については、2階建て以上の住宅の最上階以外の階には、「建築基準法」によって内装制限に係る規定が設けられており、不燃材料または準不燃材料を使用しなければならない。キッチンと食事室が一体になっているダイニングキッチンでは、部屋全体にこの規定が適用される。●POINT●

正答　○

第150問　解説

　マンションなどの分譲共同住宅の場合、建物の躯体や敷地は区分所有者全員の共有物である。管理規約には建物の躯体や敷地、その他の共用部分の適正な管理、専有部分の修繕に関する事項についても盛り込まれていて、共用部分について、手すりの設置などリフォームの必要が生じた場合には、その必要性を住宅の管理組合の理事会に伝えて共有物としての設置を願いでる。

正答　×

第151問　解説

　見積書のうち、工事費内訳書には、工事費科目ごとに費用を算出したものが記載されている。工事費科目ごとの明細が記載されているのは、工事費内訳明細書で、材料や工賃の単価および数量が記載されている。

正答　×

速習テキスト　P334～

48. 福祉用具とは何か

第152問
次の文章の内容が適切であれば○を、不適切であれば×を選びなさい。

　福祉用具の範ちゅうに、機能回復訓練機器は含まれない。

◎ ○
◎ ×

第153問
次の文章の内容が適切であれば○を、不適切であれば×を選びなさい。

　介護保険制度で要支援、要介護1に認定されている者でも、原則車いす、特殊寝台などが保険給付される。

◎ ○
◎ ×

第154問
次の文章の内容が適切であれば○を、不適切であれば×を選びなさい。

　障害者（児）に対して支給される補装具は、貸与ではなく購入が原則である。

◎ ○
◎ ×

第152問　解説

「福祉用具法」第２条に基づいて、福祉機器、補装具、自助具、日常生活用具、介護用補助用具、機能回復訓練機器が福祉用具の範ちゅうに入るとされている。

正答　×

第153問　解説

要支援、要介護１に認定されている者に、車いす、車いす付属品、特殊寝台、特殊寝台付属品、床ずれ防止用具、体位変換器、認知症老人徘徊感知機器、移動用リフト（吊り具部分を除く）、自動排泄処理装置は原則として給付されない。

正答　×

第154問　解説

補装具については、利用者の申請に基づいて補装具の購入、借受けまたは修理が必要と認められたとき、市町村がその費用を補装具費として利用者に支給する。高齢者と比較して用具の利用期間が長いことが想定されるため、貸与ではなく購入が原則になる。

正答　○

速習テキスト　P340 ～

第155問
次の文章の内容が適切であれば○を、不適切であれば×を選びなさい。

　介護保険制度では、福祉用具サービス計画の作成と利用者および介護支援専門員への交付は、福祉用具貸与・販売事業者に義務づけられている。

◎ ○

◎ ×

第156問
次の文章の内容が適切であれば○を、不適切であれば×を選びなさい。

　福祉用具支援とは、福祉用具で解決できる生活上の課題を見つけ、適切な福祉用具を提供することである。

◎ ○

◎ ×

第157問
次の文章の内容が適切であれば○を、不適切であれば×を選びなさい。

　モニタリングの段階で、福祉用具が計画通りに使用されず、目標が達成されていなくても、支援のプロセスはいったん終了する。

◎ ○

◎ ×

第155問　解説

　福祉用具サービス計画は、福祉用具専門相談員が作成するとされ、福祉用具の利用目標、機種と選定理由、関係者間で共有すべき情報等が記載される。福祉用具販売のみの場合には、介護支援専門員への交付は義務ではない。

正答　〇

第156問　解説

　福祉用具支援では、福祉用具の必要性の判断、種目の設定、機種の選定、確認・合意、適合調整・使用方法指導、モニタリングといった適切なプロセスを経ることが、利用者に最適な支援となる。●POINT●

正答　〇

第157問　解説

　福祉用具支援のプロセスは、①必要性の判断、②目標設定・プランニング、③実施・効果確認、④モニタリングの4段階である。モニタリングで福祉用具が計画通りに使用されているかどうかを確認し、目標を達成できなかった、新たな課題が出現したなどの場合には、①必要性の判断の段階に戻って改めて検討する。

正答　×

ステップアップ　福祉用具の支援プロセス

　福祉用具支援では、次の4つのプロセスを経る。モニタリングで、達成できなかった課題や新たな課題が明確になれば、プロセス①に戻って改めて検討する。

プロセス①　必要性の判断	生活上の課題の把握、分析
プロセス②　目標設定、プランニング	福祉用具利用計画の策定
プロセス③　実施、効果確認	適合、使用方法の説明
プロセス④　モニタリング	福祉用具が計画どおり使用されているか確認

速習テキスト　P350〜

第158問
次の文章の内容が適切であれば○を、不適切であれば×を選びなさい。

　特殊寝台付属品には、マットレス、サイドレール、ベッド用手すり、ベッド用テーブル、介助用ベルトがある。

◎ ○
◎ ×

第159問
次の文章の内容が適切であれば○を、不適切であれば×を選びなさい。

　特殊寝台を使用することで、利用者だけでなく、介助者にとってもメリットがある。

◎ ○
◎ ×

第160問
次の文章の内容が適切であれば○を、不適切であれば×を選びなさい。

　ベッドから車いすへの移乗にスライディングボードを使用する際は、臀部をボード上で滑らすため、褥瘡がある場合には注意が必要である。

◎ ○
◎ ×

第158問　解説

　特殊寝台付属品は、特殊寝台と一体的に使用され、特殊寝台の利用効果の増進に資する福祉用具である。

正答　○

第159問　解説

　特殊寝台を使用することで、利用者の起き上がりや立ち上がり、車いすへの乗り移り動作を楽にすることができる。また、背上げ機能を使って利用者の体を起こしたり、ベッドを高くしたりすることで介助者は無理な姿勢から解放され、体を痛める危険が減るというメリットがある。

正答　○

第160問　解説

　スライディングボードは、特殊寝台と車いすやポータブルトイレ間の移乗などに使用する用具である。下肢が弱って体を支えられない利用者が、座位姿勢のまま移乗する際に用いられる。

正答　○

速習テキスト　P353〜

第4章

第161問
次の文章の内容が適切であれば○を、不適切であれば×を選びなさい。

　片麻痺がある場合のつえを使った２動作歩行では、つえを前方に出す際に、健側の足を同時に前方に出す。

◎ ○
◎ ✕

第162問
次の文章の内容が適切であれば○を、不適切であれば×を選びなさい。

　Ｔ字型つえは、介護保険制度の給付対象である。

◎ ○
◎ ✕

第163問
次の文章の内容が適切であれば○を、不適切であれば×を選びなさい。

　エルボークラッチは、関節リウマチで手指や手関節の変形や痛みがある利用者に用いられる。

◎ ○
◎ ✕

第161問　解説

　片麻痺がある場合のつえを使った2動作歩行では、健側の手でつえの握り部を持ち、それからつえを前方に振り出してつき、同時に体重を支えながら患側の足を前方に踏み出す。そして、健側の足を踏み出す。

正答　✕

第162問　解説

　T字型つえは、脳血管障害による片麻痺がある人や、膝関節症などによる下肢機能の低下がある高齢者などに広く使用されているが、介護保険制度の給付対象ではない。

正答　✕

第163問　解説

　関節リウマチで手指や手関節の変形や痛みがある利用者が用いるのは、プラットホームクラッチである。エルボークラッチは、脳性麻痺や脊髄損傷などで、T字型つえでは支持が困難な利用者が用いる。

●POINT●

正答　✕

合格エッセンス　2動作歩行

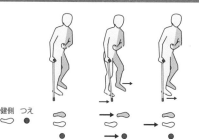

患側　健側　つえ

　片麻痺がある場合の2動作歩行では、健側（麻痺のない側）の手でつえを持ち、①つえと同時に患側（麻痺のある側）の足を踏み出す、②健側の足を出してそろえる、という動作を繰り返して進む。

速習テキスト　P358〜

第164問
次の文章の内容が適切であれば○を、不適切であれば×を選びなさい。

　歩行器には、固定型歩行器と交互型歩行器があり、在宅で導入しやすいのは固定型歩行器である。

◎ ○
◎ ✕

第165問
次の文章の内容が適切であれば○を、不適切であれば×を選びなさい。

　シルバーカーは、介護保険制度の給付対象である歩行器に含まれる。

◎ ○
◎ ✕

第166問
次の文章の内容が適切であれば○を、不適切であれば×を選びなさい。

　二輪歩行車は、前輪2つに付いている車輪を転がして前進する。つえ歩行の前段階として使用される。

◎ ○
◎ ✕

第164問　解説

　固定型歩行器は、固定されたフレームの握り部を握って歩行器を両手で持ち上げ、前方に振り出すようにして体の前に置き、フレームで体を支えながら足を交互に前に出す。在宅で導入しやすく、つえの代わりに使われることもある。

正答　○

第165問　解説

　シルバーカーは、自立歩行が可能な高齢者等が対象であり、歩行が困難な者や介助が必要な者には適していない。介護保険制度の給付対象になる歩行器には含まれない。 ●POINT●

正答　×

第166問　解説

　二輪歩行車は、上肢への負担が少なく、軽い力で前方に押し出せるが、車輪を使うため、段差の多い住宅内では使用困難である。つえ歩行の前段階として使用される。

正答　○

速習テキスト　P362～

第4章

第167問
次の文章の内容が適切であれば○を、不適切であれば×を選びなさい。

　六輪車いすは、乗り越えられる段差が２～３cm程度に限られている。

◎ ○
◎ ×

第168問
次の文章の内容が適切であれば○を、不適切であれば×を選びなさい。

　自走用標準形車いすは、利用者が後輪にあるハンドリムを操作して駆動する標準的な車いすである。

◎ ○
◎ ×

第169問
次の文章の内容が適切であれば○を、不適切であれば×を選びなさい。

　標準形電動車いすの場合、コントロールボックスを顎や足部でも操作できる位置に設置できる。

◎ ○
◎ ×

第167問　解説

　六輪車いすは、後方に転倒しないように後方に後輪キャスタを取り付けて6輪にしたものである。回転半径が小さいため、小回りが利くが、乗り越えられる段差は2～3cmに限られている。

正答　○

第168問　解説

　自走用標準形車いすは、利用者が手で握り駆動輪を操るハンドリムを操作して駆動する。利用者が足で床を蹴って駆動することもあるため、下肢が地面につくようにシートを低くしたり、下腿後面にあるレッグサポートを外したりするなどの配慮が必要になる。

正答　○

第169問　解説

　標準形電動車いすのコントロールボックスは、顎や足部でも操作できる位置に設置できるため、脳性麻痺、進行性筋ジストロフィー、頸髄損傷、関節リウマチなどによって上肢機能に障害がある利用者に有効である。

正答　○

速習テキスト　P365～

第4章

第170問

次の文章の内容が適切であれば○を、不適切であれば×を選びなさい。

　段差の高さに対するスロープの長さは、自力で駆動する車いすでは高さの10倍程度必要である。

◎ ○
◎ ✕

第171問

次の文章の内容が適切であれば○を、不適切であれば×を選びなさい。

　固定型階段昇降機の場合、利用者が、いすの座面に乗り移ることが可能で、移動中に姿勢を保持できることが適応条件である。

◎ ○
◎ ✕

第172問

次の文章の内容が適切であれば○を、不適切であれば×を選びなさい。

　設置式の段差解消機は、段差を完全には解消できず、数cm残ってしまうため、移動式や据置式のほうが優れている。

◎ ○
◎ ✕

第170問　解説

　段差の高さに対するスロープの長さは、利用者が自力で車いすを駆動する場合は高さの10倍程度、介助者が駆動する場合は6倍程度必要になる。

正答　○

第171問　解説

　固定型階段昇降機は、階段の踏面に取り付けたレールに沿って、いすが移動するタイプである。直線階段だけでなく、曲がり階段にも設置できるが、階段の幅や角度、踏面から天井までの高さによっては設置できないこともある。

第4章

正答　○

第172問　解説

　移動式や据置式の段差解消機は、段差を完全に解消できず数cm残ってしまう。このため、価格は高いが、使い勝手の点では設置式が優れている。　**●POINT●**

正答　×

速習テキスト　P372〜

第173問
次の文章の内容が適切であれば○を、不適切であれば×を選びなさい。

　床走行式リフトは、任意の場所に移動することができるが、敷居などを乗り越える際に転倒するおそれがあるため、多くはベッドのある部屋のみで使用される。

◎ ○
◎ ✕

第174問
次の文章の内容が適切であれば○を、不適切であれば×を選びなさい。

　天井走行式リフトは、介護保険制度の福祉用具貸与の対象ではない。

◎ ○
◎ ✕

第175問
次の文章の内容が適切であれば○を、不適切であれば×を選びなさい。

　適切な場所に利用者を下ろすためには、リフトの位置合わせに細かな調整が必要である。

◎ ○
◎ ✕

第173問　解説

　床走行式リフトは、利用者を吊り上げてキャスタで移動しながら移乗動作を行う。固定式や据置式とは異なり、任意の場所に移動することができる。

正答　○

第174問　解説

　天井走行式リフトは、天井に埋め込んだレールに沿って移動するリフトである。このため、レール設置には住宅改修を伴い、介護保険制度の福祉用具貸与の対象にはならない。

正答　○

第
4
章

第175問　解説

　適切な場所に利用者を下ろすためのリフトの位置合わせには細かな調整が必要で、利用者の臀部の位置が基準になる。洋式トイレの場合は、便器の前端から約250mmのところに臀部がくるように、浴槽の場合は、背中が着く頭側の浴槽縁から約300〜400mmのところに臀部が下りるように、ベッドの場合は、マットレスの頭部端から約1,000mmのところに臀部がくるようにする。

正答　○

速習テキスト　P375〜

第176問
次の文章の内容が適切であれば○を、不適切であれば×を選びなさい。

　ポータブルトイレは、ベッドサイドなどで排泄できるようになるため、トイレへの移動が困難でなくても導入を検討する。

◎ ○
◎ ×

第177問
次の文章の内容が適切であれば○を、不適切であれば×を選びなさい。

　下肢の麻痺や筋力低下などによって通常の洋式便器からの立ち座りが困難な場合、補高便座を使用する。

◎ ○
◎ ×

第178問
次の文章の内容が適切であれば○を、不適切であれば×を選びなさい。

　尿のみを採るタイプの自動排泄処理装置を、自力で動ける利用者が使用し続けると、廃用症候群が生じることがある。

◎ ○
◎ ×

第176問　解説

　ポータブルトイレを導入すると、トイレ以外の場所で排泄することになり、利用者のプライバシーや自尊心が保護されにくくなる。このため、トイレまで移動できない、排泄機能障害があってトイレに間に合わないなどの場合を除いて、導入は控える。

正答　×

第177問　解説

　通常の洋式便器からの立ち座りが困難な場合に、洋式便器の上に置いて補高し、立ち座りを容易にするのが補高便座である。座ったときに姿勢が安定し、排泄動作が行いやすい高さのものを選択する。

正答　○

第178問　解説

　自動排泄処理装置のうち、排尿と排便の両方に使用できるタイプを自力で動ける利用者が使用し続けると、寝たきりとなって廃用症候群が生じることがある。

正答　×

速習テキスト　P378〜

第179問
次の文章の内容が適切であれば○を、不適切であれば×を選びなさい。

　背もたれやアームサポートが付いている入浴用いすを使用すると、狭い浴室では介助がしにくくなることがある。

◎ ○
◎ ✕

第180問
次の文章の内容が適切であれば○を、不適切であれば×を選びなさい。

　浴槽用手すりは、立位を保持できず、平衡機能や筋力が低下している場合に有効である。

◎ ○
◎ ✕

第181問
次の文章の内容が適切であれば○を、不適切であれば×を選びなさい。

　シャワー用車いすは、水回りで使用することを前提として設計され、浴室では、体を洗うためのいすとしても利用できる。

◎ ○
◎ ✕

第179問　解説

入浴用いすで背もたれやアームサポートが付いているタイプは、座位姿勢が保持しやすくなる。しかし、浴室が狭いとさらにスペースが狭められ、介助がしにくくなることもある。 ●POINT●

正答　○

第180問　解説

浴槽用手すりは、立位は保持できるものの、平衡機能や筋力の低下によって、少し体重を支えるために手すりが必要な場合に有効である。

正答　×

第181問　解説

シャワー用車いすは、シート部分に座面があり、4輪キャスタによって小回りが利くようになっている。キャスタ径が小さいので、導入する場合には、浴室内外の段差を解消するようにする。

正答　○

速習テキスト　P381〜

145

第182問
次の文章の内容が適切であれば○を、不適切であれば×を選びなさい。

　利用者ができないことを自力でできるようにくふうされた道具を自助具という。

◎ ○
◎ ×

第183問
次の文章の内容が適切であれば○を、不適切であれば×を選びなさい。

　リーチャーは、ボタンの掛け外しをするために使用する自助具である。

◎ ○
◎ ×

第184問
次の文章の内容が適切であれば○を、不適切であれば×を選びなさい。

　環境制御装置は、四肢の麻痺や筋力低下で、上下肢の運動機能に障害がある人が、残存機能を活用して簡単なスイッチ操作によって、特殊寝台やテレビなどを操作する装置である。

◎ ○
◎ ×

第182問　解説

　自助具には、整容・更衣動作、保清・入浴動作、食事・家事動作に関する自助具がある。筋力や関節の動きの代替と補助、物の固定、姿勢の維持と補助などの機能をもっている。

正答　○

第183問　解説

　リーチャーは、長柄の先にフックが付いていて、物を引き寄せるための自助具である。衣服の着脱や、カーテンの開閉にも使用する。ボタンの掛け外しのために使用する自助具はボタンエイドである。

正答　×

第184問　解説

　環境制御装置のスイッチには、呼気・吸気スイッチ、まばたきを感知する光ファイバースイッチなどがある。スイッチの操作で、特殊寝台やテレビ、室内照明、電話、パソコンなどを操作できる。

正答　○

速習テキスト　P386～

第185問
次の文章の内容が適切であれば○を、不適切であれば×を選びなさい。

　携帯用会話補助装置は、聴覚に障害があって相手の言葉を聞き取れない人が使用する。

◎ ○
◎ ×

第186問
次の文章の内容が適切であれば○を、不適切であれば×を選びなさい。

　補聴器で聞き取りやすいのは、遠くからの音声である。

◎ ○
◎ ×

第187問
次の文章の内容が適切であれば○を、不適切であれば×を選びなさい。

　歩行時間延長信号機用小型送信機は、視覚障害者のための用具で、視覚障害者以外は使用することができない。

◎ ○
◎ ×

第185問　解説

　携帯用会話補助装置は、合成音声や録音音声などによって、相手に言葉や意思を伝える装置で、構音障害などのために発声発語が困難な人が使用する。

正答　×

第186問　解説

　補聴器で聞き取りやすいのは、一対一での会話、近くからの音声、反響音のない静かな場所などである。話し手が複数いる会話、スピーカーの音声、遠くの音声、反響音の多い場所などは聞き取りづらい。

(●POINT●)

正答　×

第187問　解説

　歩行時間延長信号機用小型送信機は、視覚障害者だけでなく、歩行速度が遅い高齢者なども使用することができる。弱者感応式信号機のある横断歩道で、送信機から電波を発すると、信号機が青か赤かを知らせてきたり、青信号の時間を延長できたりする。

正答　×

🔊 キーワード　補聴器

　難聴によって低下した聴力を補うため、聴覚障害者が用いる補装具・医療機器で、会話音声や環境音を聞き取ることが困難な場合に適用される。ポケット型、耳かけ型、耳あな型などがある。なお、一般的な補聴器で大きくできる音の範囲は200〜5,000Hz程度で、言葉の聞き分りに必要な範囲を満たしくはいるが、正常な聞こえの範囲が20〜20,000Hzといわれているため、すべての音を補正できるわけではない。

速習テキスト　P389〜

第188問
次の文章の内容が適切であれば○を、不適切であれば×を選びなさい。

　作業用義手は、ものをつかむ、握るなど日常生活での動作性を目的とした義手である。

◎ ○
◎ ×

第189問
次の文章の内容が適切であれば○を、不適切であれば×を選びなさい。

　義足装着の可否は、原則として、健側下肢で片足立ちできるかどうかが目安になる。

◎ ○
◎ ×

第190問
次の文章の内容が適切であれば○を、不適切であれば×を選びなさい。

　頸椎疾患用の頸椎装具を装着すると、頸椎が固定されるため視界が制限される。

◎ ○
◎ ×

第188問　解説

作業用義手は、労働作業に向いた実用的な義手で、主に農業、林業など特定の作業を行う人が使用する。ものをつかむ、握るなど日常生活での動作性を目的とした義手は、能動義手である。　●POINT●

正答　×

第189問　解説

義足装着の可否は、全身状態、断端状況で決定される。原則として、健側下肢で片足立ちできるかどうかが、可否の目安である。

正答　○

第190問　解説

頸椎疾患用の頸椎装具は、体幹装具の一つである。頸椎が固定されて視界が制限されるため、階段・段差のある場所には手すりを設置して安全性を確保する必要がある。

正答　○

第4章

速習テキスト　P395〜

以下の事例を読み、問題191から問題194の設問に答えなさい。

〈事例〉

　Aさん（女性・83歳）は、半年前に脳梗塞を発症し、右半身に軽度の麻痺が残り、要支援2の認定を受けている。

　2年前に夫が亡くなってから、Aさんはひとり暮らしとなった。また、同時期に骨粗しょう症による背骨の圧迫骨折を患い、今も腰痛が残っている。外出時には杖を使用し、また、室内では手すりや安定の良い家具などを支えに自立歩行が可能である。

　Aさんの住まいは築45年の木造戸建て住宅であったが、脳梗塞発症後は庭の手入れや建物の管理が困難になり、加えて修繕が必要な箇所が年々増えていた。そのため、本人の希望で、管理の負担を減らすことと事故を未然に防ぐことを踏まえ、中古の分譲共同住宅を購入した。転居前には、安心して暮らせる環境を整えるための改修を行うことになった。

　長男とともに介護支援専門員に相談した結果、室内については、できる限り自立した生活を維持していくことを基本に、手すりの設置による移動動線の明確化と、段差の解消による安全確保を目的として改修工事を行うことになった。

　購入した共同住宅は、築17年の鉄筋コンクリート造10階建てマンションの3階である。マンション1階のエントランスドアの前に150mmの段差があるが、その先、住戸玄関ドアまではエレベーターが設置されており、段差はない。

＜改修前平面図＞

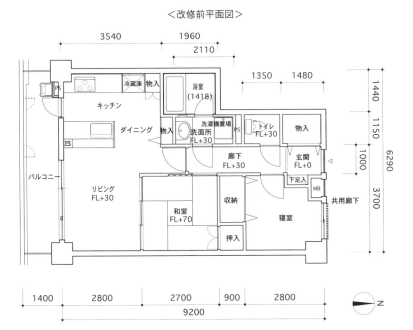

＜改修後平面図＞

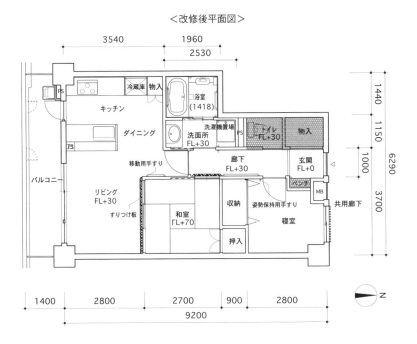

153

第191問
生活の自立を目的に、Aさんが独自に分譲共同住宅を改修する場合、「建物の区分所有等に関する法律（区分所有法）」により認められる工事として、その内容が最も不適切なものを次の①～④の中から1つ選びなさい。

◎ ①　現在のユニットバスは和式浴槽のタイプである。検証したところ、Aさんがエプロンをまたぎ越す際に不安定になることが想定された。そこで、同じ位置に設置できるサイズの和洋折衷式浴槽の中から、リフォームが可能な商品で、バリアフリー対応のユニットバスを選んで交換工事を行う。

◎ ②　躯体壁を除く壁など住戸内各所に手すりを取り付ける際に確認したところ、現況の壁の下地は石膏ボードであった。そこで、現在検討している手すりの取り付け位置よりも広範囲にわたり、合板で手すり受けのための下地を設置することにした。

◎ ③　廊下の照度が低く、夜間の移動が危険と思われるので、寝室からトイレへつながる廊下の壁の足もと灯を追加し、スイッチは明かり付きスイッチとする。

◎ ④　玄関の出入りを安全に行えるように、玄関外側の共用廊下の壁に手すりを設置する。

第191問　解説

　「建物の区分所有等に関する法律（区分所有法）」により、分譲共同住宅（マンションなど）では、住戸内部（玄関内側）は専有部分と規定され、管理規約の定めに従って改修工事を行うことは、「専有部分の修繕」として認められている。しかし、住戸玄関から外側の共用廊下、共用階段、エレベーターなどは共用部分と規定され、また、躯体も共用部分とされているため、共用廊下の壁に手すりを設置するなどの必要が生じた場合には、その必要性を住宅の管理組合の理事会に伝えて、共有物としての設置を願い出る。

正答　④

第192問

自立して生活したいと考えるＡさんにとって、現在のトイレは使いに
くい。そこで、Ａさんが自立することに加え、排泄時に介護の必要に
なる場合を想定してトイレを改修することになった。スペースの広さ、
建具の配置および手すりの設置について、次の①〜④の図面と説明の
中で、Ａさんの身体状況と将来の排泄介助に配慮したトイレとして最
も適切なものを１つ選びなさい。
なお、トイレおよび物入れとして使用可能な範囲は、改修後平面図の
網掛けを範囲とする。

◎ ①　トイレの広さと外開きの建具は変えず、便器左側の壁にＬ型手
　すりを取り付けた。

◎ ②　隣接する物入れ側に壁を400mm移動してトイレを広げ、建
　具は引き戸に変更、便器前方の壁に横手すりを取り付けた。

◎ ③　隣接する物入れ側に壁を400mm移動してトイレを広げ、建
　具は引き戸に変更、便器側の壁にＬ型手すりを取り付けた。

◎ ④　隣接する物入れ側に壁を580mm移動してトイレを広げ、建
　具は内開きに変更、便器右側の壁にＬ型手すりを取り付けた。

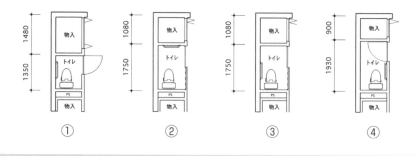

第192問　解説

① 壁芯－芯距離1,350mmの現状の奥行きでも、排泄動作が自立している場合は使用可能である。しかし、介助が必要になることを視野に入れた場合は、便器前方スペースが不足している。また、出入り口の建具は、高齢者にとって開閉動作が容易な引き戸が適する。

② Aさんは右半身に麻痺があることから、手すりは、前方の壁ではなく、便器に座った状態で左側の側面に取り付けなければならない。

④ 手すりの取り付けは、右側の壁面ではなく、左側の壁面に行う。また、建具は引き戸が望ましく、やむを得ず開き戸とする場合は外開きとする。内開きの場合、トイレから出る際に戸の動きを避けて体をかわす必要があることや、具合が悪くなって倒れたときに外からの救出が困難となることなどが理由である。

正答　③

第193問
改修前平面図および改修後平面図を参照し、Aさんの自立した暮らし
に欠かせない生活上の改善点に関する次の①～④の記述の中で、その
記述内容と図面の内容が一致しないものを1つ選びなさい。

◎ ①　玄関については、体の向きを変えるための広さを確保するととも
　　に、安全に靴の着脱動作ができるように、下足入れのあった場所
　　にベンチを設置し、縦手すりを取り付けた。

◎ ②　廊下およびリビングと和室の間にある敷居には40mmの段差
　　があり、転倒防止のために解消すべきと判断された。この段差を、
　　床面の高さを変えて解消するには大規模な工事が必要になるため、
　　最も安易な方法であるミニスロープの設置で対応することにした。

◎ ③　改修前の洗面所は、脱衣室を兼ねるものとしては狭くて使いに
　　くいものであった。しかし、洗濯機がここにあるほうが便利である
　　ため、可能な限り脱衣のための広さを確保する方法として、ダイニ
　　ング側にある物入れを洗面所に含めて使用することにした。その結
　　果、洗面所の開口部は、壁芯－芯距離で570mm広くなった。

◎ ④　今回の改修工事は、寝室および和室側の壁の位置は変えず、廊
　　下をはさんで西側の水回りスペースでは、建具の変更や間仕切りの
　　位置の変更など、壁を作り直す工事となった。

第193問　解説

　改修前平面図と改修後平面図に記入されている寸法線の数字より読み解く。改修前の洗面所の間口は 2,110 mm、改修後の洗面所の間口は 2,530 mm である。したがって、物入れを洗面所に含めた改修後の、広くなった寸法は 2,530 mm − 2,110 mm = 420 mm（壁芯－芯距離）である。

正答　③

第194問
Ａさんが居住することになったマンションの福祉住環境整備に関する
次の記述の（ア）～（エ）部分に当てはまる最も適切な語句の組み合
わせを①～④の中から１つ選びなさい。

マンションには、Ａさんのほかにも高齢者が居住していることから、
管理組合で検討した結果、１階エントランスドアの前にある150mm
の段差については、管理組合が費用を負担し、スロープにより解消す
ることになった。この段差箇所に勾配1/15のスロープを設けたとこ
ろ、前後の平坦部を含まないスロープの部分の長さは（ア）mmと
なった。
Ａさんの住戸内においては、寝室からリビングに向かう際の左側の壁
には、安全に移動できるように（イ）mmの円形の横手すりを設置
した。さらに、バリアフリー対応のユニットバス内には、浴室出入り
用縦手すり、洗い場移動用横手すり、浴槽出入り用縦手すり、浴槽内
立ち座り・姿勢保持用（ウ）を取り付け、浴槽エプロン部分の洗い場
床からの立ち上がりが（エ）mm程度であることを確認したうえで、
Ａさんが自立して入浴できる環境を整えた。

◎ ①　(ア)1,750　(イ)32～36　(ウ)縦手すり　　(エ)400～450
◎ ②　(ア)2,250　(イ)28～32　(ウ)縦手すり　　(エ)500～550
◎ ③　(ア)1,750　(イ)28～32　(ウ)Ｌ型手すり　(エ)500～550
◎ ④　(ア)2,250　(イ)32～36　(ウ)Ｌ型手すり　(エ)400～450

第194問　解説

㋐ 150mm の段差を 1/15 の勾配のスロープで解消する場合に必要なスロープ部分の長さは、150mm × 15 ＝ 2,250mm である。

㋑ 室内の廊下移動用横手すりはハンドレールと呼ばれ、手を滑らせながら使用するため、太いほうが安定感があることから、直径 32 〜 36mm 程度が適切とされる。

㋒ 浴槽内立ち座り・姿勢保持用としては、立ち座りの際に使用する縦手すりと姿勢を保持する際に使用する横手すりの両方の機能を持つＬ型手すりが適している。

㋓ 立位でのまたぎ越しで浴槽に入る場合や、シャワー用いすを使用して入る場合、浴槽エプロン部分の洗い場床からの立ち上がりは 400 〜 450mm 程度を目安とする。

正答　④

第5章

福祉住環境コーディネーター2級 第1回模擬試験 問題

誌面の都合上、IBT 試験、CBT 試験の出題画面とは異なりますが、出題形式は実際の問題に沿ったものになっています。

試験時間内に解答できるよう、試験をイメージして問題を解いてみましょう。

> 試験時間　90分

第1問　次の文章の内容が適切であれば○を、不適切であれば×を選びなさい。

　　福祉住環境コーディネーターは、支援していくうえで利用者と円滑な関係を築くことが重要なため、個人的な感情をもとに対応していく。

◎ ○

◎ ×

第2問　次の文章の内容が適切であれば○を、不適切であれば×を選びなさい。

　　「地域ケア」の概念には、「地域」や「在宅」で行われる支援のすべてが含まれている。

◎ ○

◎ ×

第3問　次の文章の内容が適切であれば○を、不適切であれば×を選びなさい。

　　福祉住環境整備で重要なのは「その人らしい暮らし」を回復・実現・維持できる環境づくりである。このためには、介護を行う人の意見が大切である。

◎ ○

◎ ×

第4問　次の文章の内容が適切であれば○を、不適切であれば×を選びなさい。

　「障害者基本法」では、身体障害、知的障害、精神障害、心身の機能の障害がある者を障害者とし、発達障害者は含まれていない。

◎ ○

◎ ×

第5問　次の文章の内容が適切であれば○を、不適切であれば×を選びなさい。

　2021（令和3）年の65歳以上の高齢者が総人口に占める割合は30％を超えている。

◎ ○

◎ ×

第6問　次の文章の内容が適切であれば○を、不適切であれば×を選びなさい。

　介護保険制度における40歳以上65歳未満の第2号被保険者は、老化に伴う16の特定疾病を原因として介護や支援が必要と認められた場合のみ介護保険のサービスを利用することができる。

◎ ○

◎ ×

第7問　次の文章の内容が適切であれば○を、不適切であれば×を選びな
さい。

　　　在宅の障害者を年齢別にみると、手帳を保持している身体障害
　者では、65歳以上が約4割を占めている。

◎ ○

◎ ×

第8問　次の文章の内容が適切であれば○を、不適切であれば×を選びな
さい。

　　　重度訪問介護を利用している最重度の障害者が入院した場合、
　入院中は重度訪問介護を引き続き利用することはできない。

◎ ○

◎ ×

第9問　次の文章の内容が適切であれば○を、不適切であれば×を選びな
さい。

　　　「住宅の品質確保の促進等に関する法律（住宅品確法）」に基づ
　く「住宅性能表示制度」では、性能表示事項のなかに「高齢者等
　への配慮に関すること」という区分が設けられている。

◎ ○

◎ ×

第10問　次の文章の内容が適切であれば○を、不適切であれば×を選び
なさい。

　　高齢者・子育て世帯と、それら世帯を支援する親族世帯の双
方が、UR都市機構の指定する同一団地や隣接する団地等のい
ずれかに居住することになった場合、双方の世帯の家賃を一定
期間割り引く制度がある。

◎ ○

◎ ×

第11問　次の文章の内容が適切であれば○を、不適切であれば×を選び
なさい。

　　日本の木造住宅の多くは、メートル法導入後はメートルを基
準としてつくられているため、介助や車いすを導入する際に問
題はない。

◎ ○

◎ ×

第12問　次の文章の内容が適切であれば○を、不適切であれば×を選び
なさい。

　　説明と同意（インフォームド・コンセント）は、単に同意を
得るだけでよい。

◎ ○

◎ ×

第13問　次の文章の内容が適切であれば○を、不適切であれば×を選び
なさい。

福祉用具専門相談員は、介護保険制度で福祉用具のサービス
を利用する場合に、福祉用具の選定・調整・使用方法の指導な
どを通じて適切な使用のための支援を行うが、とくに資格要件
は定められていない。

◎ ○

◎ ×

第14問　次の文章の内容が適切であれば○を、不適切であれば×を選び
なさい。

福祉住環境整備の相談時には、利用者が迷わないように1つ
だけプランを提示する。

◎ ○

◎ ×

第15問　次の文章の内容が適切であれば○を、不適切であれば×を選び
なさい。

生理機能の低下から起こる高齢者特有のさまざまな身体的・
精神的な症状や疾患、障害を老年症候群という。

◎ ○

◎ ×

第16問　次の文章の内容が適切であれば○を、不適切であれば×を選び
なさい。

　　　脳血管障害による死亡率が低下し、脳血管障害に伴う要介護
高齢者も少なくなっている。
◎ ○
◎ ×

第17問　次の文章の内容が適切であれば○を、不適切であれば×を選び
なさい。

　　　関節リウマチでみられる関節の症状は、多くの場合、同じ部
位の関節に左右対称に発症する。
◎ ○
◎ ×

第18問　次の文章の内容が適切であれば○を、不適切であれば×を選び
なさい。

　　　日々の生活の中で知的刺激を与える環境は、認知症の予防や
進行防止に有効である。
◎ ○
◎ ×

第19問　次の文章の内容が適切であれば○を、不適切であれば×を選び
なさい。

　　パーキンソン病が進行した場合、最終的には臥床状態になり、
全面的な介助が必要になる。
◎　○
◎　×

第20問　次の文章の内容が適切であれば○を、不適切であれば×を選び
なさい。

　　心筋梗塞の回復期リハビリテーションでは運動療法が中心に
なるが、その運動強度は、心臓に過剰な負荷がかからないよう
に低く設定しなければならない。
◎　○
◎　×

第21問　次の文章の内容が適切であれば○を、不適切であれば×を選び
なさい。

　　糖尿病のうち、不適切な生活習慣が原因となって発症するの
は1型糖尿病である。
◎　○
◎　×

第22問　次の文章の内容が適切であれば○を、不適切であれば×を選びなさい。

　　高齢者の骨折は、多くが転倒によるもののため、住環境を整備する際には転倒予防を重視する。

◎　○

◎　×

第23問　次の文章の内容が適切であれば○を、不適切であれば×を選びなさい。

　　筋萎縮性側索硬化症（ALS）の場合、症状の進行が遅いため、症状の進行に合わせて住環境整備を行う。

◎　○

◎　×

第24問　次の文章の内容が適切であれば○を、不適切であれば×を選びなさい。

　　頸髄損傷の場合、損傷レベルに関わらず、すべて全介助が必要である。

◎　○

◎　×

第25問　次の文章の内容が適切であれば○を、不適切であれば×を選び
なさい。

　　ペースメーカーを植え込んだ場合、日常生活の大幅な制限は
ないが、電磁波によって誤作動を起こす可能性がある。
◎ ○
◎ ×

第26問　次の文章の内容が適切であれば○を、不適切であれば×を選び
なさい。

　　視覚障害者の場合、一般的にコントラストの感度の低下はみ
られない。
◎ ○
◎ ×

第27問　次の文章の内容が適切であれば○を、不適切であれば×を選び
なさい。

　　難聴は、伝音難聴と感音難聴の２つに分類される。
◎ ○
◎ ×

第 28 問　次の文章の内容が適切であれば○を、不適切であれば×を選び
なさい。

　　　高次脳機能障害で現れる半側空間無視は、視覚の障害である。
◎ ○
◎ ×

第 29 問　次の文章の内容が適切であれば○を、不適切であれば×を選び
なさい。

　　　学習障害は、基本的には全般的な知的発達に遅れはないが、
聞く、話す、読む、書く、計算するまたは推論する能力のうち
特定のものの習得と使用に著しい困難を示すさまざまな状態を
指す。
◎ ○
◎ ×

第 30 問　次の文章の内容が適切であれば○を、不適切であれば×を選び
なさい。

　　　一部の床面レベルが他の床面レベルと異なる部分をスキップ
フロアといい、階段が多くなる。
◎ ○
◎ ×

第31問 次の文章の内容が適切であれば○を、不適切であれば×を選び
なさい。

　廊下や階段などで使用する手すりの端部には、エンドキャッ
プを取り付ければ安全性が確保できる。

◎ ○

◎ ×

第32問 次の文章の内容が適切であれば○を、不適切であれば×を選び
なさい。

　折れ戸は、開閉時の体の移動が少なく、幅の狭い開口部にも
取り付けることができる。

◎ ○

◎ ×

第33問 次の文章の内容が適切であれば○を、不適切であれば×を選び
なさい。

　背もたれが低いいすや大きく後方に傾いているいすは、立ち
座り時に座位姿勢への移行が難しい。

◎ ○

◎ ×

第34問　次の文章の内容が適切であれば○を、不適切であれば×を選び
なさい。

　　　高齢者等配慮対策等級5では、玄関戸の下枠（くつずり）と
　　玄関ポーチの高低差は、10mm以下と定められている。

◎　○

◎　×

第35問　次の文章の内容が適切であれば○を、不適切であれば×を選び
なさい。

　　　トイレでの立ち座り動作を補助する横手すりは、便器の中心
　　線から左右に350mm振り分けた左右対称の位置に、同じ高さ
　　で設置する。

◎　○

◎　×

第36問　次の文章の内容が適切であれば○を、不適切であれば×を選び
なさい。

　　　浴室の洗い場の床面に浴室内すのこを設置する場合、すのこ
　　の床面からの浴槽縁の高さは、利用者が浴槽をまたぎやすくす
　　るため、400〜450mm程度を目安にする。

◎　○

◎　×

第37問　次の文章の内容が適切であれば○を、不適切であれば×を選び
なさい。

　　　低い位置の収納には、引き出し式（スライド式）の収納やキ
　　ャスタ付きの移動収納などのくふうが必要である。
　　◎　○
　　◎　×

第38問　次の文章の内容が適切であれば○を、不適切であれば×を選び
なさい。

　　　家族と同居している利用者がコミュニケーションを望む場合
　　でも、静かに過ごせるよう、本人の寝室は居間とできるだけ離
　　れた位置に配置する。
　　◎　○
　　◎　×

第39問　次の文章の内容が適切であれば○を、不適切であれば×を選び
なさい。

　　　天井伏図は、建物の内部の天井面を下から見た状態を表して
　　いる。
　　◎　○
　　◎　×

第40問 次の文章の内容が適切であれば○を、不適切であれば×を選びなさい。

　シックハウス症候群は、室内空気汚染から発症するすべての疾患をいい、中毒、アレルギー、化学物質過敏症も含まれる。

◎ ○

◎ ×

第41問 次の文章の内容が適切であれば○を、不適切であれば×を選びなさい。

　介護保険制度における福祉用具購入費の支給は、原則として同一年度で1種目につき1回のみである。

◎ ○

◎ ×

第42問 次の文章の内容が適切であれば○を、不適切であれば×を選びなさい。

　ベッド上で体の下に敷いて使用する床ずれ防止用具は、体圧分散のために柔らかく、利用者の起居動作が困難になる。

◎ ○

◎ ×

第43問 次の文章の内容が適切であれば○を、不適切であれば×を選び
なさい。

障害者であって介護保険の受給者である場合、介護保険制度
の給付対象となっている福祉用具は、障害者総合支援法による
補装具として支給される。

◎ ○

◎ ×

第44問 次の文章の内容が適切であれば○を、不適切であれば×を選び
なさい。

松葉づえは、福祉用具購入費の対象品目である。

◎ ○

◎ ×

第45問 次の文章の内容が適切であれば○を、不適切であれば×を選び
なさい。

シルバーカーは、主に高齢者が、屋外で物品の運搬や歩行の
補助を目的として使用するもので、疲れたときにいすとして使
用することができる。

◎ ○

◎ ×

第 46 問　次の文章の内容が適切であれば○を、不適切であれば×を選び
　　　　　なさい。

　　　リクライニング式車いすは、ティルト機構によってシートと
　　バックサポートの角度を保ったまま、シート全体を後ろに調整
　　できる。
　　◎ ○
　　◎ ×

第 47 問　次の文章の内容が適切であれば○を、不適切であれば×を選び
　　　　　なさい。

　　　浴槽内いすは、浴槽の底に座れない利用者や、床座位からは
　　困難でもいす座位からの立ち上がりが可能な利用者に有効であ
　　る。
　　◎ ○
　　◎ ×

第 48 問　次の文章の内容が適切であれば○を、不適切であれば×を選び
　　　　　なさい。

　　　自助具のすくいやすい皿は、箸で食物を食べやすいように皿
　　の縁を外側に湾曲させた皿である。
　　◎ ○
　　◎ ×

第49問　次の文章の内容が適切であれば○を、不適切であれば×を選び
なさい。

　　入浴台は、上肢に障害があって手すりなどを握れない利用者
が入浴する際に使用する福祉用具である。

◎ ○

◎ ×

第50問　次の文章の内容が適切であれば○を、不適切であれば×を選び
なさい。

　　一般的な補聴器で大きくできる音の範囲は、20 ～ 20,000Hz
とされている。

◎ ○

◎ ×

第51問　次の文章の【A】および【B】の部分に当てはまる最も適切なものを①～④の中から１つ選びなさい。

　　ケアプランは、【A】の場合には地域包括支援センター、【B】の場合には介護支援専門員（ケアマネジャー）に作成を依頼するのが一般的である。

	A	B
◎ ①	要介護	要支援
◎ ②	要支援	要介護
◎ ③	要介護１	要介護２～５
◎ ④	要支援１	要支援２と要介護

第52問　次の文章の【A】の部分に当てはまる最も適切なものを①～④の中から１つ選びなさい。

　　「障害者基本法」では、【A】について「障害がある者にとって日常生活又は社会生活を営む上で障壁となるような社会における事物、制度、慣行、観念その他一切のものをいう」と定義している。

　　◎ ①　バリアフリー
　　◎ ②　社会的排除
　　◎ ③　社会的障壁
　　◎ ④　社会的差別

第53問　次の文章の【A】および【B】の部分に当てはまる最も適切な
　　　　ものを①〜④の中から1つ選びなさい。

　　相談援助の基本原則のうち、相手を個人としてとらえること
　を【A】という。【A】の原則は、援助関係の形成においても不
　可欠である。【A】は、【B】に対応するのではなく、その人の
　考え方や希望を十分にくみとるということである。

	A	B
◎ ①	個別化	個別的
◎ ②	個性化	画一的
◎ ③	単純化	個別的
◎ ④	個別化	画一的

第54問　次の文章の【A】に当てはまる最も適切なものを①〜④の中か
　　　　ら1つ選びなさい。

　　コミュニケーションには、バーバルコミュニケーションと【A】
　がある。バーバルコミュニケーションでまず大切なのは言葉の
　選び方である。一方【A】では、表情が重要な情報である。

◎ ①　ノンバーバルコミュニケーション

◎ ②　言語コミュニケーション

◎ ③　オープンコミュニケーション

◎ ④　クローズコミュニケーション

第55問　次の文章の【A】の部分に当てはまる最も適切なものを①～④の中から1つ選びなさい。

　　福祉住環境整備の相談の中心は、原則的に高齢者・障害者本人であるが、専門的な内容の把握や書類作成などが本人の負担になる場合には、相談者側の中心となる【A】を決めておく必要がある。
　　◎①　キーパーソン
　　◎②　オンブズパーソン
　　◎③　アドバイザー
　　◎④　コーディネーター

第56問　次の文章の【A】および【B】の部分に当てはまる最も適切なものを①～④の中から1つ選びなさい。

　　加齢によって【A】が低下すると、筋力低下も重なって、立っている姿勢を保つときに体の揺れが大きくなり【B】しやすくなる。

	A	B
◎①	運動機能	転倒
◎②	平衡感覚機能	瞬発力
◎③	平衡感覚機能	転倒
◎④	運動機能	瞬発力

第57問　次の文章の【A】および【B】の部分に当てはまる最も適切な
ものを①〜④の中から1つ選びなさい。

　脳血管障害では、【A】に障害を生じると、認知能力が低下し
たり、話し方がたどたどしくなったり、筋肉が思うように動か
せなくなったりする。また、【B】に障害を生じると、視力が低
下したり、失明したりする。

	A	B
◎ ①	前頭葉	後頭葉
◎ ②	前頭葉	側頭葉
◎ ③	後頭葉	前頭葉
◎ ④	後頭葉	側頭葉

第58問　次の文章の【A】の部分に当てはまる最も適切なものを①〜④
の中から1つ選びなさい。

　パーキンソン病では、小刻み歩行などの歩行障害により、わ
ずかな段差でも【A】ため、手すりの設置や段差の解消が基本
となる。段差の解消ができない場合は、床の色を変更、テープ
を貼るなどして区切りの目印とする。

◎ ①　転倒の危険につながる
◎ ②　すくみ足につながる
◎ ③　震えにつながる
◎ ④　バランスを崩す

第59問　次の文章の【A】の部分に当てはまる最も適切なものを①～④の中から1つ選びなさい。

　　外出のためにアプローチを整備する場合、飛び石などの敷石は使用しない、石張りの仕上げは【A】にする、コンクリート平板などの置き敷きは避ける、壁や植え込みに配慮するなどの注意が必要である。

◎①　細かいもの

◎②　粗いもの

◎③　滑らかなもの

◎④　表面を平らなもの

第60問　次の文章の【A】および【B】の部分に当てはまる最も適切なものを①～④の中から1つ選びなさい。

　　介護保険制度では、【A】福祉用具貸与事業者や特定福祉用具販売事業者から、【B】の貸与を受けたり購入したりすると、原則、費用の9割が支給される。

	A	B
◎①	都道府県知事が指定した	都道府県知事が定めた福祉用具
◎②	市町村長が指定した	都道府県知事が定めた福祉用具
◎③	都道府県知事が指定した	厚生労働大臣が定めた福祉用具
◎④	市町村長が指定した	厚生労働大臣が定めた福祉用具

第61問　次の文章の内容が適切であれば○を、不適切であれば×をつけた
　　　　ときの正しい組み合わせを①〜④の中から１つ選びなさい。

(a)　認知症でみられる失行では、動作を組み合わせて行う行動
　　　ができなくなる。

(b)　認知症でみられる実行機能障害では、新しいことができな
　　　くなったり、見落としたりする。

(c)　認知症でみられる失語では、言葉が話せなくなる。

(d)　認知症でみられる抑うつ状態では、気分が高揚して、眠れ
　　　なくなる。

　　◎①　(a)○　　　(b)○　　　(c)○　　　(d)×
　　◎②　(a)○　　　(b)×　　　(c)×　　　(d)×
　　◎③　(a)×　　　(b)×　　　(c)○　　　(d)○
　　◎④　(a)×　　　(b)○　　　(c)○　　　(d)×

第62問　次の文章の内容が適切であれば○を、不適切であれば×をつけた
　　　　ときの正しい組み合わせを①〜④の中から１つ選びなさい。

(a)　心臓機能障害では、包括的心臓リハビリテーションが行わ
　　　れる。

(b)　筋萎縮性側索硬化症の患者に対して、包括的呼吸リハビリ
　　　テーションが行われる。

(c)　腎臓の機能が正常値の50％以下になった状態を慢性腎不全
　　　という。

(d)　B型・C型肝炎ウイルスは血液を介して感染するため、血
　　　液が付着する可能性があるかみそりなどは共用しないように
　　　することが必要である。

　　◎①　(a)○　　　(b)○　　　(c)○　　　(d)×
　　◎②　(a)○　　　(b)×　　　(c)×　　　(d)○
　　◎③　(a)×　　　(b)○　　　(c)○　　　(d)×
　　◎④　(a)×　　　(b)×　　　(c)×　　　(d)○

第63問　次の文章の内容が適切であれば○を、不適切であれば×をつけたときの正しい組み合わせを①〜④の中から1つ選びなさい。

(a) 車いすで浴室内に入り、入浴用いすに移乗する場合、出入り口の正面に洗い場があるレイアウトにする。

(b) 移乗台や洗体台を利用して車いすから移乗し、浴室内を座位で移動する場合、浴室内に移乗台や洗面台のスペースが必要になる。

(c) 浴室の出入り口の正面に洗い場がある場合、開口部を広げることが容易である。

(d) 浴室の出入り口の正面に浴槽がある場合、開口部が広く、車いすなどでの出入りが容易である。

◎ ① (a)○　(b)○　(c)×　(d)×

◎ ② (a)○　(b)×　(c)○　(d)×

◎ ③ (a)×　(b)○　(c)×　(d)○

◎ ④ (a)×　(b)×　(c)○　(d)○

第64問　次の文章の内容が適切であれば○を、不適切であれば×をつけたときの正しい組み合わせを①〜④の中から1つ選びなさい。

(a) 福祉用具貸与となる車いすは、自走用標準型車いすと介助用標準型車いすである。

(b) 福祉用具貸与となる床ずれ防止用具は、送風装置または空気圧調整装置を備えた空気マットと、水などによって減圧による体圧分散効果を持つ全身用マットである。

(c) 福祉用具貸与となるスロープは、持ち運びが容易で、工事が不要なものに限られている。

(d) 福祉用具貸与となる歩行器は、車輪のあるものに限られている。

◎ ① (a)○　(b)○　(c)○　(d)×

◎ ② (a)○　(b)×　(c)○　(d)○

◎ ③ (a)×　(b)○　(c)○　(d)×

◎ ④ (a)×　(b)×　(c)×　(d)○

第65問　次の①～④の記述の中で、その内容が最も不適切なものを1つ
　　　　選びなさい。

◎　①　住宅性能表示制度の「高齢者等への配慮に関すること」
　　　という区分では、高齢者等への配慮のために必要な対策が住
　　　戸内でどの程度講じられているかを5段階の等級で評価す
　　　る。

◎　②　生活福祉資金貸付制度は、65歳以上の高齢者や障害者
　　　のいる世帯に対して、総合支援資金や福祉資金を貸し付ける
　　　制度で、不動産を担保とした貸し付けは行っていない。

◎　③　介護保険制度における住宅改修費の支給は、在宅の要介
　　　護者および要支援者を対象としている。

◎　④　日常生活用具給付等事業は、「障害者総合支援法」に基
　　　づいて市町村が実施する事業である。

第66問　福祉住環境整備において、動作を見るアセスメントの視点に関
　　　　する次の①～④の記述の中で、その内容が最も不適切なものを
　　　　1つ選びなさい。

◎　①　利用者の主観的事実は把握しなくてよい。

◎　②　立ち座りの動作は、床やいすといった、立ち上がって座
　　　る場合に分けて把握する。

◎　③　段差昇降の動作は、階段などの段差だけでなく、敷居な
　　　どをまたぐ動作も把握する。

◎　④　排泄の動作は、実際にシミュレーションをしてもらって
　　　確認する。

第67問　老化の特性に関する次の①〜④の記述の中で、最も不適切なものを1つ選びなさい。

◎ ①　老化は動物に例外なく生じ、避けることができないことを老化普遍性という。

◎ ②　生物の老化は外的因子として体内にプログラムされていることを老化内在性という。

◎ ③　老化は年月とともに進行する不可逆的な変化であることを老化進行性という。

◎ ④　老化によって生じるさまざまな身体の変化で有害に作用することを老化退行性（有害性）という。

第68問　糖尿病に関する次の①〜④の記述の中で、最も不適切なものを1つ選びなさい。

◎ ①　糖尿病の場合、初期の段階から症状を自覚していることが多い。

◎ ②　糖尿病神経障害では、壊疽による下肢切断に至ることもある。

◎ ③　1型糖尿病の場合、基本的にインスリンの注射を生涯続けなければならない。

◎ ④　糖尿病網膜症が進行すると、失明することもある。

第69問　精神障害に関する次の①〜④の記述の中で、最も不適切なもの
　　　　を１つ選びなさい。

　　　①　身体の疾患がもととなって脳の機能が障害されて起こるの
　　　　　は外因性精神障害である。
　　　②　内因性精神障害の原因は未特定である。
　　　③　薬物療法の副作用も、生活上の不便、不自由が生じる一因
　　　　　である。
　　　④　作業療法やレクリエーション療法による治療をロールプレ
　　　　　イングという。

第70問　以下の事例を読み、設問に答えなさい。

　〈事例〉
　　夫と２人暮らしのＡさん（65歳、女性）は、半年前に交通事故で
　受傷し、脊髄損傷（第１胸髄損傷（T1）：第１胸髄節まで機能残存）
　となった。現在、リハビリテーション専門病院に入院中である。
　　Ａさんは、歩行動作や立ち座り、立位保持は困難だが、車椅子を
　使った移動は自立している。排便は、自分で座薬を使い、トイレで
　排便できる。入浴は、シャワー浴ならば自立して行える。
　　自宅は、鉄筋コンクリート（RC）造で、玄関には段差があるため、
　段差解消機の導入も検討している。退院後は、「少なくとも家の中
　では、夫の負担にならないようにしたい」というＡさんの希望もあ
　り、開き戸を三枚引き戸にするなどの住宅改修を行った。

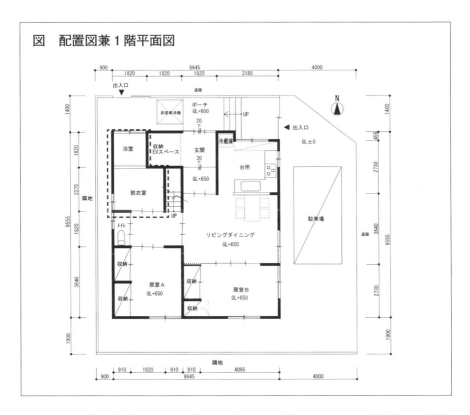

図　配置図兼1階平面図

図の脱衣室と浴室のレイアウト図を下に示す。Aさんは、浴室への出入りの際、車いすやシャワー用車いすを使用する。浴槽へ浸かる時は夫などの介助が必要である。次の①～④の中で、その内容が最も適切なものを1つ選びなさい。

福祉住環境コーディネーター2級 第2回模擬試験　問題

誌面の都合上、IBT試験、CBT試験の出題画面とは異なりますが、出題形式は実際の問題に沿ったものになっています。

試験時間内に解答できるよう、試験をイメージして問題を解いてみましょう。

試験時間　90分

第1問　次の文章の内容が適切であれば○を、不適切であれば×を選びなさい。

　　　福祉住環境コーディネーターは、「個人情報保護法」の規定が適用されない。

◎ ○

◎ ×

第2問　次の文章の内容が適切であれば○を、不適切であれば×を選びなさい。

　　　生活環境の中で存在する4つのバリアとは、物理的バリア、制度のバリア、文化・情報のバリア、意識のバリアである。

◎ ○

◎ ×

第3問　次の文章の内容が適切であれば○を、不適切であれば×を選びなさい。

　　　その人らしい暮らしの実現に大切なのは、ADLの各動作を単に一人で行えることである。

◎ ○

◎ ×

第4問　次の文章の内容が適切であれば○を、不適切であれば×を選びなさい。

　　　理学療法士、作業療法士、言語聴覚士はリハビリテーションの中核を担う職業で、いずれも国家資格である。

◎　○

◎　×

第5問　次の文章の内容が適切であれば○を、不適切であれば×を選びなさい。

　　　福祉住環境整備の際に行うヒアリングでは、チェックシートに記載されている項目のみ聞き取りを行い記録する。

◎　○

◎　×

第6問　次の文章の内容が適切であれば○を、不適切であれば×を選びなさい。

　　　事例検討会は、保健・医療・福祉・建築などの専門職がグループを組み、検討を行う場である。福祉住環境コーディネーターにとって重要な研鑽の場である。

◎　○

◎　×

第7問　次の文章の内容が適切であれば○を、不適切であれば×を選びなさい。

　　ショックN.W.の研究報告によると、30歳代の生理機能を100%とした場合、80歳代では、神経伝導速度は約85%、腎臓の血液濾過能力（系球体濾過率）は約60%、肺の酸素交換能力（最大換気量）は50%以下に低下する。

　◎　○

　◎　×

第8問　次の文章の内容が適切であれば○を、不適切であれば×を選びなさい。

　　先天的障害は、胎児期および周産期に生じた障害をいい、原因を特定できるものである。

　◎　○

　◎　×

第9問　次の文章の内容が適切であれば○を、不適切であれば×を選びなさい。

　　成長発達段階で障害が生じても、その後の成長に影響を与えない。

　◎　○

　◎　×

第 10 問　次の文章の内容が適切であれば○を、不適切であれば×を選び
なさい。

要介護高齢者へは、身体活動、栄養摂取、睡眠の 3 要素を中
心として対応することが大切である。
◎ ○
◎ ×

第 11 問　次の文章の内容が適切であれば○を、不適切であれば×を選び
なさい。

脳血管障害者の福祉住環境整備は、利用者の移動レベルによ
って検討する。
◎ ○
◎ ×

第 12 問　次の文章の内容が適切であれば○を、不適切であれば×を選び
なさい。

関節リウマチは男性に多くみられる疾患のため、台所などの
整備は重視しなくてよい。
◎ ○
◎ ×

第13問 次の文章の内容が適切であれば○を、不適切であれば×を選び
なさい。

認知症の場合、初期から排泄、入浴、食事などのADLに不便
さが生じる。

◎ ○

◎ ×

第14問 次の文章の内容が適切であれば○を、不適切であれば×を選び
なさい。

トイレの場所がわからなくなった認知症高齢者の場合、トイ
レに目印をつける、トイレまでの経路を示すなどの福祉住環境
整備で対応するとよい。

◎ ○

◎ ×

第15問 次の文章の内容が適切であれば○を、不適切であれば×を選び
なさい。

パーキンソン病でみられる振戦は、片方の下肢から発症する
ことが多く、その後、発症した側の上肢、反対側の下肢、上肢
へと進むことが多い。

◎ ○

◎ ×

第16問　次の文章の内容が適切であれば○を、不適切であれば×を選び
なさい。

　　　パーキンソン病で注意しなければならないのは転倒である。
このため、できるだけ体を動かさないようにすることが大切で
ある。
　◎ ○
　◎ ×

第17問　次の文章の内容が適切であれば○を、不適切であれば×を選び
なさい。

　　　心筋梗塞を発症した利用者の場合、階段昇降は運動強度が高
いため、手すりを設置して階段昇降動作の負担を軽減させるく
ふうが必要である。
　◎ ○
　◎ ×

第18問　次の文章の内容が適切であれば○を、不適切であれば×を選び
なさい。

　　　廃用症候群は、体を使わない状態が続くと起こるため、利用
者の居室と家族が集まりやすいリビングとはできるだけ離れた
位置にし、できるだけ移動時に動くようにする。
　◎ ○
　◎ ×

第19問　次の文章の内容が適切であれば○を、不適切であれば×を選び
　　　　なさい。

　　　　糖尿病のリハビリテーションの中心は、運動療法である。
　　　　◎　○
　　　　◎　×

第20問　次の文章の内容が適切であれば○を、不適切であれば×を選び
　　　　なさい。

　　　　脊柱管狭窄症では、痛みやしびれによって長い距離を歩けな
　　　　くなる。
　　　　◎　○
　　　　◎　×

第21問　次の文章の内容が適切であれば○を、不適切であれば×を選び
　　　　なさい。

　　　　脊髄損傷における完全麻痺とは、脊髄の断面が完全に切断さ
　　　　れた状態をいい、損傷した神経から下へは脳からの命令がまっ
　　　　たく伝わらず、運動機能・感覚機能が全く失われている。
　　　　◎　○
　　　　◎　×

第22問　次の文章の内容が適切であれば○を、不適切であれば×を選び
なさい。

　　　脳性麻痺のリハビリテーションの目的は、機能回復にある。
◎　○
◎　×

第23問　次の文章の内容が適切であれば○を、不適切であれば×を選び
なさい。

　　　心臓機能障害の発症原因は、運動不足や肥満、喫煙、食生活
の偏りで、ストレスや加齢は発症原因には含まれない。
◎　○
◎　×

第24問　次の文章の内容が適切であれば○を、不適切であれば×を選び
なさい。

　　　膀胱・直腸機能障害のある人が設けるストーマには、排泄を
コントロールする機能がない。
◎　○
◎　×

第25問 次の文章の内容が適切であれば○を、不適切であれば×を選びなさい。

　　連続携行式腹膜透析（CAPD）を行っている場合、空気中の細菌にも注意するために冷暖房の送風をいったん止めるので、窓を開けて換気する必要がある。

◎ ○

◎ ×

第26問 次の文章の内容が適切であれば○を、不適切であれば×を選びなさい。

　　視覚障害は全盲とロービジョンに大別され、「障害者総合支援法」では、認定基準として視力障害と視野障害の2つの機能レベルで重症度を分類している。

◎ ○

◎ ×

第27問 次の文章の内容が適切であれば○を、不適切であれば×を選びなさい。

　　網膜にある視細胞のうち、暗い場所で機能する杆体細胞が障害されて、早くから夜盲の症状が現れるのは加齢黄斑変性症である。

◎ ○

◎ ×

第28問　次の文章の内容が適切であれば○を、不適切であれば×を選び
　　　　なさい。

　　半盲には同名半盲と異名半盲があり、両眼とも同じ側の視野
　が欠ける状態を同名半盲という。
　◎　○
　◎　×

第29問　次の文章の内容が適切であれば○を、不適切であれば×を選び
　　　　なさい。

　　難聴の人は、小さな音が聞こえにくくなるだけでなく、とく
　に感音難聴では、大きな音を不快に感じやすくなる。
　◎　○
　◎　×

第30問　次の文章の内容が適切であれば○を、不適切であれば×を選び
　　　　なさい。

　　構音障害では、発声や発音がうまくできないが、言葉の組み
　立てや理解、読み書きには問題がない。
　◎　○
　◎　×

第31問　次の文章の内容が適切であれば○を、不適切であれば×を選び
なさい。

　　　高次脳機能障害で、注意障害や記憶障害などがある場合、日
　　常生活の中では、できるだけ手順を決めて行動をパターン化す
　　るなど、単純化することで生活上の困難が軽減できる。
　　◎ ○
　　◎ ×

第32問　次の文章の内容が適切であれば○を、不適切であれば×を選び
なさい。

　　　自閉症の場合、感覚が過敏であることが多く、ちょっとした
　　音でも耳をふさいだり、汗で体がベタつくのを異常に嫌がった
　　りする。
　　◎ ○
　　◎ ×

第33問　次の文章の内容が適切であれば○を、不適切であれば×を選び
なさい。

　　　一般に、知的障害児・者は姿勢筋緊張が低いため同じ姿勢を
　　保つことが苦手である。このため、座位を保持することも難しい。
　　◎ ○
　　◎ ×

第34問　次の文章の内容が適切であれば○を、不適切であれば×を選び
なさい。

老年期の在宅精神障害者の場合、症状は安定傾向にあり、心
身の機能の維持が課題になる。

◎　○

◎　×

第35問　次の文章の内容が適切であれば○を、不適切であれば×を選び
なさい。

床面と敷居の段差を解消する場合、敷居を埋め込むか、敷居
を用いずに異なる仕上げの境目にへの字のプレートを上からか
ぶせる。

◎　○

◎　×

第36問　次の文章の内容が適切であれば○を、不適切であれば×を選び
なさい。

屋内外で同じ車いすを使用する場合、車輪に付いた砂ぼこり
で屋内を汚したり、床材を傷つけることが多い。フローリング
材は、表面のつき板の厚さが1mm以上あっても下地まで傷つ
けることがある。

◎　○

◎　×

第37問 次の文章の内容が適切であれば○を、不適切であれば×を選びなさい。

　　手すりは、目的別に大きく分けるとハンドレールとグラブバーの2種類がある。

◎　○

◎　×

第38問 次の文章の内容が適切であれば○を、不適切であれば×を選びなさい。

　　手すりを取り付ける位置には堅固な壁下地補強を行うが、できるだけ必要な範囲に限って補強する。

◎　○

◎　×

第39問 次の文章の内容が適切であれば○を、不適切であれば×を選びなさい。

　　アコーディオンドアは、簡易な間仕切りとして使用でき、気密性も高い。

◎　○

◎　×

第40問　次の文章の内容が適切であれば○を、不適切であれば×を選び
　　　　なさい。

　　握力が弱く手指の巧緻性が低下している人が容易に使用でき
る把手として、プッシュ・プル式がある。
◎ ○
◎ ×

第41問　次の文章の内容が適切であれば○を、不適切であれば×を選び
　　　　なさい。

　　有効幅員が780mmの廊下で、介助用車いすが直角に曲がる
ためには、開口部の有効幅員を750mm以上確保しなければな
らない。
◎ ○
◎ ×

第42問　次の文章の内容が適切であれば○を、不適切であれば×を選び
　　　　なさい。

　　熱中症による死者の約8割が高齢者である。高齢者の場合、
認知能力の低下によって暑さを感じにくく、汗もかきにくいた
めに自覚症状がないことから発症が多い。
◎ ○
◎ ×

第43問 次の文章の内容が適切であれば○を、不適切であれば×を選び
なさい。

　　最近建てられた住宅の上がりがまちは、段差寸法が180mm
以下が一般的なため、足腰が弱った高齢者や障害者であっても
昇降が容易である。

　◎ ○

　◎ ×

第44問 次の文章の内容が適切であれば○を、不適切であれば×を選び
なさい。

　　玄関の縦手すりは、上がりがまち際の壁面の鉛直線上に取り
付けるのが基本である。

　◎ ○

　◎ ×

第45問 次の文章の内容が適切であれば○を、不適切であれば×を選び
なさい。

　　階段を比較的容易で安全に昇降できるようにするためには、
勾配を、蹴上げ÷踏面 ≦ 6/7、蹴上げと踏面の寸法は 550mm ≦
2 R ＋ T ≦ 650mm にする。

　◎ ○

　◎ ×

第46問　次の文章の内容が適切であれば○を、不適切であれば×を選び
なさい。

　　　　階段の形状で最も安全性が高いのは、踊り場付き階段である。
　　◎　○
　　◎　×

第47問　次の文章の内容が適切であれば○を、不適切であれば×を選び
なさい。

　　　　自走用車いすを使用している場合の便器へのアプローチの方
　　法には、側方アプローチ、前方アプローチ、横方向アプローチ
　　がある。
　　◎　○
　　◎　×

第48問　次の文章の内容が適切であれば○を、不適切であれば×を選び
なさい。

　　　　脳血管障害による片麻痺がある利用者のトイレでの介助では、
　　介助者は利用者の患側に立つ。
　　◎　○
　　◎　×

第49問　次の文章の内容が適切であれば○を、不適切であれば×を選び
なさい。

　　浴室の出入り口の正面に浴槽がある場合、介助者の移動がス
ムーズに行えないという短所がある。
◎ ○
◎ ×

第50問　次の文章の内容が適切であれば○を、不適切であれば×を選び
なさい。

　　車いすのティッピングレバーは、段差を越える場合などにキ
ャスタを上げるために使用している利用者が足で踏むもので、
車いすの前方に取り付けられている。
◎ ○
◎ ×

第 51 問　次の文章の【A】および【B】の部分に当てはまる最も適切な
　　　　　ものを①〜④の中から 1 つ選びなさい。

　　国際生活機能分類（ICF）では、【A】を環境との関係でとら
　えるとともに、【B】の中に位置付け、マイナス面だけでなくプ
　ラス面を重視している。心身機能・身体構造、活動、参加を総
　称して【B】とし、それらに問題が起こった状態（機能障害、
　活動制限、参加制約）を総称して【A】とする。

	A	B
◎ ①	生活機能	障害
◎ ②	障害	生活機能
◎ ③	社会的不利	生活機能
◎ ④	環境因子	背景因子

第 52 問　次の文章の【A】の部分に当てはまる最も適切なものを①〜④
　　　　　の中から 1 つ選びなさい。

　　わが国では、14 歳以下の年少人口、15 〜 64 歳の生産年齢人
　口がいずれも【A】している。また、65 歳以上の高齢者の増加
　は著しく、2021（令和 3）年で 3,618 万人、総人口に占める高
　齢者の割合（高齢化率）は 28.8% である。

◎ ①　減少
◎ ②　増加
◎ ③　同じ水準を維持
◎ ④　横ばい

第53問 次の文章の【A】および【B】の部分に当てはまる最も適切なものを①～④の中から１つ選びなさい。

　介護保険の給付サービスには、要介護者を対象とする介護給付と要支援者を対象とする予防給付がある。これらの給付は、都道府県・政令市・中核市が指定・監督を行う【A】と、市町村が指定・監督を行う【B】に分かれている。

	A	B
◎ ①	居宅サービス	施設サービス
◎ ②	地域密着型サービス	居宅・施設サービス
◎ ③	居宅・施設等サービス	地域密着型サービス
◎ ④	居宅サービス	地域密着型サービス

第54問 次の文章の【A】の部分に当てはまる最も適切なものを①～④の中から１つ選びなさい。

　相談援助とは一般的に、ソーシャルワーカーなどが面接などで相手が抱えている課題やニーズを理解し、【A】を活用しながら課題解決を図ることを指す。

　◎ ①　社会資源
　◎ ②　民間資源
　◎ ③　公的資源
　◎ ④　私的資源

第55問　次の文章の【A】の部分に当てはまる最も適切なものを①～④の中から1つ選びなさい。

　　介護支援専門員（ケアマネジャー）は、【A】に基づいて、要介護認定の申請を行ったり、介護サービス計画（ケアプラン）を作成したりするなど、ケアマネジメント業務を行う専門職である。

◎①　老人福祉法
◎②　医療法
◎③　介護保険法
◎④　障害者総合支援法

第56問　次の文章の【A】の部分に当てはまる最も適切なものを①～④の中から1つ選びなさい。

　　老化のうち、【A】は、有害物質の曝露や生活習慣のひずみ、重い病気の後などの老化促進因子により老化現象が急速に進み、病気になりやすい状態をいう。

◎①　通常老化
◎②　急速老化
◎③　進行性老化
◎④　病的老化

第57問　次の文章の【A】および【B】の部分に当てはまる最も適切なものを①〜④の中から1つ選びなさい。

　　　知的能力（総合的能力）には、【A】と【B】がある。【A】は20歳代にピークを迎え、以降は個人差があるものの徐々に低下する。【B】は60歳頃まで上昇し、生涯維持し続けることも可能とされている。

	A	B
◎ ①	流動性知能	結晶性知能
◎ ②	衰退性知能	結晶性知能
◎ ③	運動性知能	衰退性知能
◎ ④	結晶性知能	流動性知能

第58問　次の文章の【A】の部分に当てはまる最も適切なものを①〜④の中から1つ選びなさい。

　　　認知症とは、一旦、正常の水準まで達していた【　A　】(記憶、認識、判断、学習能力など)が、脳神経細胞の減少・機能低下などにより、持続的に低下し、日常生活や社会生活に支障をきたすようになった状態をいう。

◎ ①　記憶能力
◎ ②　小脳機能
◎ ③　高次機能
◎ ④　知的機能

第59問　次の文章の【A】および【B】の部分に当てはまる最も適切な
　　　　ものを①～④の中から1つ選びなさい。

　　臥床状態が長期間続いたり、ギプスで関節を長期間固定してい
　るなど、体を使わない状態が続くと、【A】として心身の機能
　に病的な症状や病気が現れる。この症状や病気を【B】という。

　　　　　　　　　　　A　　　　　　　　B
　◎①　一次的障害　　　廃用症候群
　◎②　二次的障害　　　老年症候群
　◎③　二次的障害　　　廃用症候群
　◎④　三次的障害　　　老年症候群

第60問　次の文章の【A】の部分に当てはまる最も適切なものを①～④
　　　　の中から1つ選びなさい。

　　内部障害は【A】、本人が抱える不安やストレスに対する周囲
　の理解と援助が求められる。また、医療機器を必要とする人に
　ついては、その管理や住環境整備への配慮がとくに重要である。
　◎①　外から見ただけで分かるため
　◎②　外から見ただけでは分かりにくく
　◎③　外から見ただけでは絶対に分からないため
　◎④　外から見ても健常者とまったく変わらないため

第61問　次の文章の内容が適切であれば○を、不適切であれば×をつけたときの正しい組み合わせを①〜④の中から1つ選びなさい。

(a)　視野狭窄のうち求心狭窄は周辺部から徐々に見えなくなるため、歩行時には白杖が欠かせない。

(b)　中心暗点がある場合、残った視野の中で感度のよい、使える網膜はどこかを早く見つけることが大切である。

(c)　同名半盲では、欠損していない側に寄って歩くことがある。

(d)　中心暗点があると、視力低下はないものの、遠近感や立体感がなくなる。

◎　①　(a)○　　(b)○　　(c)○　　(d)×

◎　②　(a)○　　(b)○　　(c)×　　(d)×

◎　③　(a)×　　(b)○　　(c)○　　(d)○

◎　④　(a)×　　(b)×　　(c)×　　(d)○

第62問　次の文章の内容が適切であれば○を、不適切であれば×をつけたときの正しい組み合わせを①〜④の中から1つ選びなさい。

(a)　音の聞こえの程度を測定する聴力検査では、周波数の異なる音についてそれぞれ聞こえ始める最も大きな音を調べ、その結果をオージオグラムで表す。

(b)　音の聞こえの程度と言葉を聞き取る力は別の能力である。

(c)　感音難聴では、聞き取りやすい音声の大きさを超えると、耳に響いて語音明瞭度が低下する。

(d)　語音明瞭度が低下している場合、相手の話す速度が速い状況では聞き取りにくくなる。

◎　①　(a)○　　(b)○　　(c)○　　(d)×

◎　②　(a)○　　(b)×　　(c)○　　(d)×

◎　③　(a)×　　(b)○　　(c)○　　(d)○

◎　④　(a)×　　(b)×　　(c)×　　(d)○

第63問　次の文章の内容が適切であれば○を、不適切であれば×をつけたときの正しい組み合わせを①～④の中から1つ選びなさい。

(a)　軽度の知的障害の知的レベルは、小学校6年生程度で、ADLは自立している。

(b)　重度の知的障害の知的レベルは、小学校低学年の勉強で困難をきたす程度で、小児期では会話が困難である。

(c)　中度の知的障害の知的レベルは、小学校2年生程度で、日常生活や社会的生活でかなりの援助が必要である。

(d)　最重度の知的障害の知的レベルは、問いかけの言葉をほとんど理解できない程度であるが、動くことは可能である。

◎ ①　(a)○　　(b)○　　(c)○　　(d)×

◎ ②　(a)○　　(b)×　　(c)○　　(d)○

◎ ③　(a)×　　(b)○　　(c)×　　(d)×

◎ ④　(a)×　　(b)×　　(c)×　　(d)○

第64問　次の文章の内容が適切であれば○を、不適切であれば×をつけたときの正しい組み合わせを①～④の中から1つ選びなさい。

(a)　車いすのブレーキレバーを動かすことでジョイント部分が動いて車輪を押さえる方式はレバー式である。

(b)　筋緊張や筋弛緩の症状で座位保持が困難な利用者に有効な車いすはティルト＆リクライニング式車いすである。

(c)　六輪車いすは、長い距離の移動で効果を発揮する。

(d)　標準形電動車いすは、手動車いすに比べて回転半径が大きく、屋外での使用が一般的である。

◎ ①　(a)○　　(b)○　　(c)○　　(d)×

◎ ②　(a)○　　(b)×　　(c)×　　(d)○

◎ ③　(a)×　　(b)○　　(c)×　　(d)○

◎ ④　(a)×　　(b)×　　(c)○　　(d)×

第65問　次の①〜④の記述の中で、その内容が最も不適切なものを１つ
選びなさい。

◎　①　対流暖房は、温風によって室内を暖める暖房方法である。

◎　②　床暖房は、輻射暖房の一種である。

◎　③　エアコンの場合、冷房と暖房で吹き出す方向が異なる。

◎　④　寒冷地ですべての部屋に暖房が必要な場合、個別式が適
している。

第66問　次の①〜④の記述の中で、その内容が最も不適切なものを１つ
選びなさい。

◎　①　言葉の理解にかかわっているのは、大脳言語野のブロー
カ領域である。

◎　②　言葉の表出において語の選択や音の配列にかかわってい
るのは、大脳言語野のウェルニッケ領域である。

◎　③　鼻腔は、発声発語器官の一つである。

◎　④　言葉は、脳からの命令が発声発語器官に伝わり、発声発
語器官が運動することで発せられる。

第67問　次の①〜④の記述の中で、その内容が最も不適切なものを1つ
選びなさい。

◎①　糖尿病神経障害の場合、足の傷や転倒を防ぐため、じゅ
うたんではなくフローリングにする。

◎②　糖尿病網膜症の場合、ガスの火が見えにくくなる。

◎③　糖尿病腎症の場合、進行すると週3回程度医療機関に通
うなどして人工透析を受けなければならない。

◎④　高血糖になると、発汗や動悸、手足の震えなどが起こる。

第68問　次の①〜④の記述の中で、その内容が最も不適切なものを1つ
選びなさい。

◎①　過度の安静によって骨への負荷が少なくなると、骨量が
減少して骨粗鬆症を発症する。

◎②　過度の安静によって心臓の機能が低下すると、高血圧が
生じる。

◎③　過度の安静によって肺機能が衰えると、痰を出す力が弱
くなる。

◎④　過度の安静によって脳を使わない状態が続くと、うつ傾
向を招く。

第69問　次の①〜④の記述の中で、その内容が最も不適切なものを1つ
選びなさい。

◎①　心筋梗塞の再発防止には、塩分を控える。

◎②　心筋梗塞の再発防止には、喫煙やアルコールを禁止する。

◎③　心筋梗塞の再発防止には、低コレステロール食をとる。

◎④　心筋梗塞の再発防止には、ストレスの少ない生活を送る。

第70問　以下の事例を読み、設問に答えなさい。

〈事例〉

　Bさん（男性・72歳）は、持ち家である共同住宅（鉄筋コンクリート造4階建ての2階部分・築20年）に妻（68歳）と娘（37歳）の3人で住んでいる。

　Bさんは数年前に転倒して腰を強打してから、痛みもあって腰部が前屈した状態になり、歩行が不自由になった。整形外科に通っていたが症状は改善されなかった。最近になって手指の震えや、いすから立ち上がれないなどの症状が現れた上、転倒してしまったことから、総合病院を受診したところ、パーキンソン病と診断された。

　妻と娘は、喫茶店を営んでいるため、日中Bさんに付き添っていることは難しい。また、Bさんも排泄などは自分で行いたいと考え、住宅改修を行った。

図　改修前の平面図

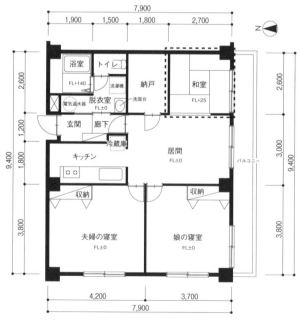

　図のトイレに近い和室をBさんの寝室とし、手すりを取り付けて介護用ベッドを入れた。次の①〜④の中で、その内容が最も適切なものを1つ選びなさい。

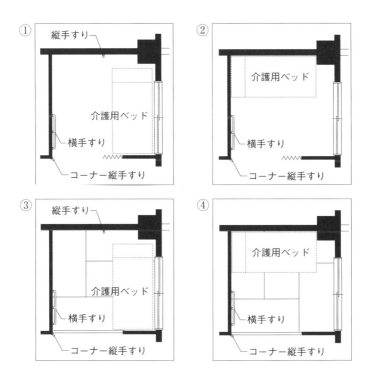

福祉住環境コーディネーター検定試験®
2級試験対策書籍

図解＆イラストがわかりやすい
充実した解説が理解度をアップ
試験直前まで活用できる使いやすさ

繰り返し学習

速習テキスト

A5判　定価：2,750円（10％税込）
●わかりやすい解説で基本をしっかり学習
●確認テストで理解度をチェックできる

重要問題集＆予想模試
（赤シートつき）

A5判　定価：2,750円（10％税込）
●繰り返し学習に最適！
●テーマ別の重要問題＆予想模試つき

コンパクトだから
いつでも, どこでも
要点確認！

○×一問一答ベスト800！
（赤シートつき）

新書判　定価：1,650円（10％税込）
●800問の○×問題と重要ポイントまとめ
●解説は赤シートを使えば穴埋め問題に

ユーキャン資格本アプリ

スマホアプリで
いつでもどこでも！

好評の一問一答集がスマホアプリで,
いつでもどこでも学習できる！
人気資格を続々追加中！

App Store/Google Play でリリース！
詳しくはこちら（PC・モバイル共通）
http://www.gakushu-app.jp/shikaku/

◆福祉住2級 一問一答　2022年8月追加予定
『ユーキャンの福祉住環境コーディネーター　2級　○×一問一答ベスト800！』のアプリ版。復習帳, 小テストなどアプリならではの便利な機能が盛りだくさん。

※書名・発刊日・カバーデザイン・価格等変更になる可能性がございます。

●法改正・正誤等の情報につきましては、下記「ユーキャンの本」ウェブサイト内「追補（法改正・正誤）」をご覧ください。
https://www.u-can.co.jp/book/information

●本書の内容についてお気づきの点は
・「ユーキャンの本」ウェブサイト内「よくあるご質問」をご参照ください。
https://www.u-can.co.jp/book/faq
・郵送・FAXでのお問い合わせをご希望の方は、書名・発行年月日・お客様のお名前・ご住所・FAX番号をお書き添えの上、下記までご連絡ください。
【郵送】　〒169-8682 東京都新宿北郵便局 郵便私書箱第2005号
　　　　　ユーキャン学び出版 福祉住環境コーディネーター 資格書籍編集部
【FAX】　　03-3350-7883
◎より詳しい解説や解答方法についてのお問い合わせ、他社の書籍の記載内容等に関しては回答いたしかねます。
●お電話でのお問い合わせ・質問指導は行っておりません。

ユーキャンの福祉住環境コーディネーター2級 重要問題集＆予想模試

2008年5月10日　初　版　第1刷発行	編　者　ユーキャン福祉住環境
2022年8月5日　第15版　第1刷発行	コーディネーター試験研究会

発行者　品川泰一
発行所　株式会社 ユーキャン学び出版
　　　　〒151-0053
　　　　東京都渋谷区代々木1-11-1
　　　　Tel 03-3378-1400
編　集　株式会社 東京コア
発売元　株式会社 自由国民社
　　　　〒171-0033
　　　　東京都豊島区高田3-10-11
　　　　Tel 03-6233-0781（営業部）

印刷・製本　望月印刷株式会社

福祉住環境コーディネーター2級

「予想模試」

解答・解説編

予想模試解答一覧

第1問～第50問が各1点、第51問～第60問が各2点、第61問～第70問
が各3点です。本試験では、100点満点中70点以上で合格となりますの
で、それを目安に取り組んでください。

第1回模擬試験

問題番号	正答	問題番号	正答	問題番号	正答
第1問	×	第26問	×	第51問	②
第2問	○	第27問	×	第52問	③
第3問	×	第28問	×	第53問	④
第4問	×	第29問	○	第54問	①
第5問	×	第30問	○	第55問	①
第6問	○	第31問	×	第56問	③
第7問	×	第32問	×	第57問	①
第8問	×	第33問	○	第58問	①
第9問	○	第34問	×	第59問	②
第10問	×	第35問	×	第60問	③
第11問	×	第36問	○	第61問	②
第12問	×	第37問	○	第62問	②
第13問	×	第38問	×	第63問	③
第14問	×	第39問	×	第64問	③
第15問	○	第40問	○	第65問	②
第16問	×	第41問	○	第66問	①
第17問	○	第42問	○	第67問	②
第18問	○	第43問	×	第68問	①
第19問	○	第44問	×	第69問	④
第20問	×	第45問	○	第70問	②
第21問	×	第46問	×		
第22問	○	第47問	○		
第23問	×	第48問	×		
第24問	×	第49問	×		
第25問	○	第50問	×		

※問題形式と配点は第47回試験の出題を参考にしています。

第2回模擬試験

問題番号	正答
第 1 問	×
第 2 問	○
第 3 問	×
第 4 問	○
第 5 問	×
第 6 問	○
第 7 問	○
第 8 問	×
第 9 問	×
第 10 問	○
第 11 問	○
第 12 問	×
第 13 問	×
第 14 問	○
第 15 問	×
第 16 問	×
第 17 問	○
第 18 問	×
第 19 問	○
第 20 問	○
第 21 問	○
第 22 問	×
第 23 問	×
第 24 問	○
第 25 問	×

問題番号	正答
第 26 問	×
第 27 問	×
第 28 問	○
第 29 問	○
第 30 問	○
第 31 問	○
第 32 問	○
第 33 問	×
第 34 問	○
第 35 問	○
第 36 問	×
第 37 問	○
第 38 問	×
第 39 問	×
第 40 問	○
第 41 問	○
第 42 問	×
第 43 問	×
第 44 問	○
第 45 問	○
第 46 問	○
第 47 問	○
第 48 問	○
第 49 問	×
第 50 問	×

問題番号	正答
第 51 問	②
第 52 問	①
第 53 問	③
第 54 問	①
第 55 問	③
第 56 問	④
第 57 問	①
第 58 問	④
第 59 問	③
第 60 問	②
第 61 問	②
第 62 問	③
第 63 問	①
第 64 問	③
第 65 問	④
第 66 問	①
第 67 問	④
第 68 問	②
第 69 問	②
第 70 問	②

第1回模擬試験　解答・解説

第1問　【正答】×

〈解説〉

　利用者を支援していくうえで、**だれにでも平等**、礼儀正しく節度ある態度で対応し、**個人的感情に左右されず**、理性的な対応が望まれる。

第2問　【正答】○

〈解説〉

　「地域ケア」の概念には、**地域福祉、地域保健、地域医療、地域リハビリテーション、在宅ケア**など、「地域」や「在宅」で行われる支援のすべてを含んでいる。

第3問　【正答】×

〈解説〉

　福祉住環境整備で重要なのは「その人らしい暮らし」を回復・実現・維持できる環境づくりである。このためには、介護を行う人の意見も大切だが、**利用者の考え方に関心を払い**、理解したうえで実施していくことが必要である。

第4問　【正答】×

〈解説〉

　「**障害者基本法**」では、「身体障害、知的障害、精神障害（発達障害を含む）その他の心身の機能の障害がある者であつて、障害及び社会的障壁により**継続的**に日常生活又は社会生活に**相当な制限**を受ける状態にあるもの」と定義している。

第5問　【正答】×

〈解説〉

　2021（令和3）年の65歳以上人口は**3,618万人**で、総人口に占める割合は**28.8%**である。30%を超えていない。

第6問　【正答】○

〈解説〉

　介護保険制度では、被保険者が介護保険サービスを利用する場合、市町村の介護保険窓口に申請して要介護または要支援の認定を受ける必要がある。**第2号被保険者**の場合は、がんの末期、関節リウマチなど**16の特定疾病**を原因として介護や支援が必要と認められた場合のみである。

第7問　【正答】×
〈解説〉

　手帳を所持している身体障害者では、65歳以上が**72.6%**を占めている。身体障害者の**高齢化**が進んでいる。

第8問　【正答】×
〈解説〉

　最重度で**重度訪問介護**を利用している障害者が入院した場合、従来は重度訪問介護を引き続き利用することはできなかった。しかし、2016年改正法により、重度訪問介護の訪問先が拡大され、入院中も、利用者の状態等を熟知しているヘルパーの支援を受けられることとなった。

第9問　【正答】○
〈解説〉

　「住宅品確法」に基づく「住宅性能表示制度」では、**高齢者等への配慮**のために必要な対策が住戸内でどの程度講じられているかを評価して、**5段階の等級**で表示している。

第10問　【正答】×
〈解説〉

　2013（平成25）年から実施されている「**近居割**」と呼ばれる制度で、**後から入居する世帯の家賃**が、一定期間割り引かれる。

第11問　【正答】×
〈解説〉

　日本の木造住宅の多くは、メートル法導入後も**尺貫法**を基準としてつくられているため、廊下や階段、開口部などは、柱の芯－芯の間隔が**3尺**（910mm）となっていることが多く、介助や車いすでの移動などを考えると狭く、十分な幅ではない。

第12問　【正答】×
〈解説〉

　説明と同意（インフォームド・コンセント）では、単に利用者の同意を得るだけでなく、その段階に至るまでに**利用者本人が納得する**プロセスが大切になる。

第13問 【正答】×
〈解説〉
　福祉用具専門相談員の資格要件は、**介護福祉士**、義肢装具士、保健師、（准）看護師、**理学療法士**、作業療法士、**社会福祉士**または厚生労働省令で定めた基準に適合し都道府県知事が指定した講習を修了した者とされている。

第14問 【正答】×
〈解説〉
　福祉住環境整備の相談時には、**さまざまなプランを提示**して長所と短所を説明し、判断材料を多くすることが必要である。**効果と費用を十分に説明**したうえで、どうするかをあくまでも**本人が決定**するのが原則である。

第15問 【正答】○
〈解説〉
　多くの高齢者では排尿障害や褥瘡<small>（じょくそう）</small>などさまざまな徴候がみられ、これらは**相互に関連し合って**生じている。このため、高齢者の場合、全身状態を総合的にとらえて指導や治療を行わなければならない。このような観点から普及してきた考えである。

第16問 【正答】×
〈解説〉
　脳血管障害は、1950年代初めからおよそ30年間、わが国の死因別死亡率の第1位を占めていたが、最近では**第4位**となっている。しかし、医学の進歩で助かる人も増えているため、脳血管障害は、依然として多くの要介護者を生んでいる。

第17問 【正答】○
〈解説〉
　関節リウマチの症状は、関節の腫れや痛み、**朝のこわばり**などである。手足の指など小さな関節から生じやすく、次第に肘、肩、膝、股関節などの大きな関節に広がっていく。また、多くは同じ部位の関節に**左右対称**に発症する。

第18問 【正答】○
〈解説〉
　日々の生活の中で**知的刺激**を与える環境として、時計、カレンダー、季節感のある花や食べ物を用意して**見当識を刺激**する、絵や写真を飾って**視覚を刺激**するなどがある。

第19問　【正答】○
〈解説〉

　パーキンソン病のホーン-ヤールによる重症度分類では、重症度を5段階としている。**ステージⅢ**までは日常生活で介護を必要としないが、**ステージⅣ**では一部の日常生活で介助を要するようになり、**ステージⅤ**では全面的な介助が必要になる。

第20問　【正答】×
〈解説〉

　心筋梗塞の回復期リハビリテーションでは運動療法が中心になるが、運動強度は低すぎると効果が思うように出ず、高すぎると危険性が増す。このため、**心肺運動負荷試験**などを行って**運動強度を設定**することが非常に重要である。

第21問　【正答】×
〈解説〉

　糖尿病のうち、**1型糖尿病**は発症の要因がインスリンの働きに依存している。**2型糖尿病**は不適切な生活習慣から生じる栄養バランスの崩れや運動不足などによって生じる。

第22問　【正答】○
〈解説〉

　高齢者の場合、**段差、暗さ、まぶしさ、寒さ**などが転倒の原因になる。このため、段差の解消、手すりの設置、移動距離を短くする、適切な照明などを考慮して住環境を整備する。

第23問　【正答】×
〈解説〉

　筋萎縮性側索硬化症（ALS）の場合、進行の初期にはADLが比較的自立しているが、症状の**進行が速い**ため、近い将来にADLが**全介助になることを想定**して住環境整備を行う。

第24問　【正答】×
〈解説〉

　頸髄損傷の場合、損傷レベルはC_1～C_8である。このうち、全介助とされているのはC_1～C_4である。C_8の場合、上肢機能が完全で、車いすでのADLが自立となる。

第25問 【正答】○

〈解説〉

ペースメーカーを植え込んだ場合、IH式電気炊飯器などの電磁家電製品、盗難防止装置、電気自動車の充電器、電気のこぎり・ドリルなどに近づくと**電磁波による誤作動**を起こす可能性が指摘されている。

第26問 【正答】×

〈解説〉

視覚障害者の場合、一般的に**コントラストの感度の低下**がみられる。このため、床の段差に周囲の床面とは色対比が大きい色テープなどを貼ると、段差を認識しやすくなる。

第27問 【正答】×

〈解説〉

難聴には、外耳道閉鎖症や中耳炎を原因とする**伝音難聴**、内耳から聴覚中枢までの機能低下を原因とする**感音難聴**、慢性中耳炎と内耳の障害が合併して起こる**混合難聴**がある。

第28問 【正答】×

〈解説〉

高次脳機能障害で現れる半側空間無視は、**脳損傷**が生じた反対側の空間に注意を向けにくくなるもので、視覚の障害ではない。**左半側空間無視**が圧倒的に多く、歩行時に左側の壁などにぶつかるなどの症状がみられる。

第29問 【正答】○

〈解説〉

学習障害は、**特定の能力の習得と使用に著しい困難**を示すさまざまな状態を指し、その原因として、中枢神経系に何らかの機能障害があると推定されるが、視覚障害、聴覚障害、知的障害、情緒障害などの障害や、環境的な要因が直接の原因になるものではない、と文部省（現：文部科学省）により定義されている。

第30問 【正答】○

〈解説〉

スキップフロアの場合、自宅のガレージから1階への階段、1階から中2階への階段、中2階から2階への階段というように**階段が多く**なり、階段昇降が難しい場合には、階段昇降機の設置の必要性が高くなる。

第 31 問　【正答】×
〈解説〉

　廊下や階段などで使用する手すりの端部は、エンドキャップを取り付ける
だけでは衣服の袖口を引っかけて転倒したり、体をぶつけたりするなどの危
険があり望ましくない。**端部を壁側に曲げ込む**のが望ましい。

第 32 問　【正答】×
〈解説〉

　折れ戸は、開閉時の体の移動が少ない一方、戸の折りたたみ厚さ分だけ**開
口部の有効幅員が狭くなる。**また、高齢者などにとっては開閉が**容易とはい
えない。**

第 33 問　【正答】○
〈解説〉

　いすを選択する場合には、使用目的を明確にして、生活動作のしやすさを
考慮する。腰掛けやすく立ち上がりやすい**座面高、**柔らかすぎない**座面の硬
さ、**背もたれの角度や高さなどに注意する。

第 34 問　【正答】×
〈解説〉

　高齢者等配慮対策等級 5 では、玄関戸の下枠（くつずり）と玄関ポーチの
高低差は**20 mm 以下、**玄関戸の下枠と玄関土間の高低差は**5 mm 以下**と定め
られている。

第 35 問　【正答】×
〈解説〉

　トイレでの**立ち座り動作を補助する縦手すり**は、便器の先端から 250 〜
300 mm 程度前方の側面に取り付けるのが一般的である。便器の中心線から左
右に 350 mm 振り分けた左右対称の位置に設置するのは、便器での**座位保持の
ための横手すり**である。

第 36 問　【正答】○
〈解説〉

　浴室の洗い場の床面に浴室内すのこを設置すると、グレーチングの敷設な
どの工事を行わずに浴室の出入り口の**段差を解消**できる。

第 37 問 【正答】○
〈解説〉
　かがんだ姿勢で物を取り出すのは体に負担がかかるため、取り出しやすいくふうをする。

第 38 問 【正答】×
〈解説〉
　利用者が同居している家族とのコミュニケーションを望む場合、居間や団らんスペースに本人の寝室を**隣接させて配置**する。寝室の隣に居間を配置する場合、開口有効幅**1,600mm以上**を確保し、建具は引き分け戸にするとコミュニケーションを図りやすくなる。

第 39 問 【正答】×
〈解説〉
　天井伏図は、建物の内部の天井面を**上から見た状態**を表している。室内から見上げるのではなく、**床面に向かって上から透過した向き**で天井の状態を示している。

第 40 問 【正答】○
〈解説〉
　厚生労働省は、シックハウス症候群の原因になる13の化学物質に、室内濃度指針値を設定している。そのうち、**ホルムアルデヒド**と**クロルピリホス**については、「建築基準法」で指針値以下になるよう対策がとられている。

第 41 問 【正答】○
〈解説〉
　特定福祉用具販売業者から福祉用具を購入した場合、原則、購入費の**9割**に相当する額が**償還払い**で支給される。支給限度基準額（一年度で10万円）の9割が上限である。

第 42 問 【正答】○
〈解説〉
　床ずれ防止用具は、ベッド上で体圧を分散することで床ずれを防止する機能をもつ福祉用具である。介護保険制度では貸与の対象となっている。ただし、特殊寝台のマットレスに柔軟性が必要なように、床ずれ防止用具も**柔らかいため**、利用者の自立的動作を妨げないように注意して使用する。

第43問　【正答】×

〈解説〉

　車いす、電動車いす、歩行器、歩行補助つえは、障害者総合支援法に基づく補装具であるとともに、介護保険法に基づく福祉用具でもある。障害者であって介護保険の受給者である場合、これらの種目は原則として**介護保険による給付が優先**される。

第44問　【正答】×

〈解説〉

　松葉づえは、**歩行補助つえに含まれ**、福祉用具貸与の対象品目である。歩行補助つえには、松葉づえ、カナディアン・クラッチ、ロフストランド・クラッチ、プラットホームクラッチ、多点つえがある。

第45問　【正答】○

〈解説〉

　シルバーカーは、ハンドル、フレーム、車輪、荷物を運ぶバッグなどで構成され、**自立歩行が可能な高齢者**等が使用する。歩行が困難な者や介助が必要な者には不適で、介護保険の給付対象になる歩行器には含まれない。

第46問　【正答】×

〈解説〉

　リクライニング式車いすは、背もたれが後方へ、45度あるいは90度傾斜したり、レッグサポートが上がるなどの機能を加えた座位変換形車いすである。ティルト機構を採用しているのは、**ティルト＆リクライニング式車いす**である。

第47問　【正答】○

〈解説〉

　股や膝関節などに痛みや可動制限域があって**浴槽の底に座れない**利用者や、片麻痺や筋力低下などによって床座位からは困難であっても**いす座位からの立ち上がりは可能**な利用者に有効である。ただし、いすの座面の高さだけ浴槽が浅くなるので、肩まで湯に浸かることは難しくなる。

第48問　【正答】×

〈解説〉

　すくいやすい皿は、**スプーン**で食物をすくいやすいように、皿の縁を**内側に湾曲**させるなどのくふうがされた皿である。片手だけで食事をする場合に有用である。

第49問 【正答】×

〈解説〉

　入浴台は、浴槽縁に台を掛けて設置し、**座位姿勢**で浴槽に出入りできるようにする福祉用具である。**下肢**に関節可動域制限や痛みなどがあり、立位時のバランスが不安定な利用者に有効である。

第50問 【正答】×

〈解説〉

　一般的な補聴器で大きくできる音の範囲は、**200 ～ 5,000Hz**程度である。言葉の聞き分けに必要な音の範囲を満たしているが、正常な聞こえの範囲は**20 ～ 20,000Hz**とされているため、すべての音が補正できるわけではない。

第51問 【正答】②

〈解説〉

　ケアプランは、**要支援**の場合には地域包括支援センター、**要介護**の場合には介護支援専門員（ケアマネジャー）に作成を依頼するのが一般的である。

第52問 【正答】③

〈解説〉

　「障害者基本法」では、**社会的障壁**について「障害がある者にとつて日常生活又は社会生活を営む上で障壁となるような社会における事物、制度、慣行、観念その他一切のものをいう」と定義している。

第53問 【正答】④

〈解説〉

　相談援助の基本原則のうち、相手を個人としてとらえることを**個別化**という。**個別化**の原則は、援助関係の形成においても不可欠である。**個別化**は、**画一的**に対応するのではなく、その人の考え方や希望を十分にくみとるということである。

第54問 【正答】①

〈解説〉

　コミュニケーションには、バーバルコミュニケーションと**ノンバーバルコミュニケーション**がある。バーバルコミュニケーションでまず大切なのは言葉の選び方である。一方ノンバーバルコミュニケーションでは、表情が重要な情報である。

第55問　【正答】①
〈解説〉
　　福祉住環境整備の相談の中心は、原則的に高齢者・障害者本人であるが、専門的な内容の把握や書類作成などが本人の負担になる場合には、相談者側の中心となる**キーパーソン**を決めておく必要がある。

第56問　【正答】③
〈解説〉
　　加齢によって**平衡感覚機能**が低下すると、筋力低下も重なって、立っている姿勢を保つときに体の揺れが大きくなり**転倒**しやすくなる。

第57問　【正答】①
〈解説〉
　　脳血管障害では、**前頭葉**に障害を生じると、認知能力が低下したり、話し方がたどたどしくなったり、筋肉が思うように動かせなくなったりする。また、**後頭葉**に障害を生じると、視力が低下したり、失明したりする。

第58問　【正答】①
〈解説〉
　　パーキンソン病では、小刻み歩行などの歩行障害により、わずかな段差でも**転倒の危険につながる**ため、手すりの設置や段差の解消が基本となる。段差の解消ができない場合は、床の色の変更、テープを貼るなどして区切りの目印とする。

第59問　【正答】②
〈解説〉
　　外出のためにアプローチを整備する場合、飛び石などの敷石は使用しない、石張りの仕上げは**粗いもの**にする、コンクリート平板などの置き敷きは避ける、壁や植え込みに配慮するなどの注意が必要である。

第60問　【正答】③
〈解説〉
　　介護保険制度では、**都道府県知事が指定した福祉用具貸与事業者**や特定福祉用具販売事業者から、**厚生労働大臣が定めた福祉用具**の貸与を受けたり購入したりすると、原則、費用の9割が支給される。

第61問 【正答】②

〈解説〉

(a)○　認知症でみられる**失行**では、動作を組み合わせて行う行動ができなくなることで、中核症状の一つである。

(b)×　認知症でみられる**実行機能障害**では、**今までできていた動作ができなくなったり**、見落としたりする。また、計画を立てたり、手順を考えたりすることが難しくなる。中核症状の一つである。

(c)×　認知症でみられる**失語**では、**物の名前**が分からなくなる。中核症状の一つである。

(d)×　認知症でみられる**抑うつ状態**では、意欲がない、以前は興味があった物に**無関心**になる。周辺症状の一つである。

第62問 【正答】②

〈解説〉

(a)○　**包括的心臓リハビリテーション**は、医師、看護師、理学療法士、栄養士、薬剤師など多職種が連携して、社会復帰や再発予防を目的として行われる。

(b)×　包括的呼吸リハビリテーションは、**慢性閉塞性肺疾患**（COPD）を対象とした治療プログラムである。

(c)×　腎臓の機能は糸球体濾過値をもとにして正常値の**30％以下**になった場合を慢性腎不全、10％以下を尿毒症という。

(d)○　B型・C型肝炎ウイルスは、肝臓機能障害を引き起こす疾患である。**血液を介して感染**する。

第63問 【正答】③

〈解説〉

(a)×　車いすで浴室内に入り、入浴用いすに移乗する場合、出入り口の正面に浴槽があるレイアウトにする。

(b)○　移乗台や洗体台を利用して車いすから移乗し、浴室内を座位で移動する場合、**間口・奥行きともに1,600mm**（壁芯−芯距離：**間口・奥行きともに1,820mm**）程度のスペースを確保する。

(c)×　浴室の出入り口の正面に洗い場がある場合、壁面に手すりを取り付けることができ、対象者が歩行しやすいという長所があるが、開口部を広げることが困難という短所がある。

(d)○　浴室内の出入り口の正面に浴槽がある場合、**開口部が広く、車いすなどでの出入りが容易という長所**があるが、洗い場で移動する場合に、**手すりを使った歩行ができないという短所**がある。

第64問　【正答】③

〈解説〉

(a)✕　福祉用具貸与となる車いすは、自走用標準型車いす、普通型電動車いす、介助用標準型車いすである。

(b)○　空気マットおよび全身用マットは、体圧を分散することで圧迫部位への圧力を減らす。減圧による体圧分散効果をもつ全身用のマットには、水、エア、ゲル、シリコン、ウレタンなどが使われている。

(c)○　工事を伴うスロープで、住宅改修の段差解消に該当するものは、住宅改修としての給付対象になる。

(d)✕　福祉用具貸与となる歩行器は、車輪がある場合は、体の前および左右を囲む把手などがあるもの、四脚があり、上肢で保持して移動させることが可能なものとなっている。

第65問　【正答】②

〈解説〉

①住宅性能表示制度の「高齢者等への配慮に関すること」という区分では、住宅に講じられている対策を**移動時の安全性**と**介助の容易性**の2つの目標を達成するためのものとして、5段階の等級で評価する。

②生活福祉資金貸付制度では、総合支援資金、福祉資金のほか、一定の居住用不動産を担保とした**不動産担保型生活資金**もある。

③介護保険制度における住宅改修費は、原則償還払いで支給される。改修の**支給限度基準額は20万円**である。

④日常生活用具給付等事業は、「障害者総合支援法」に基づいて、市町村が実施する**地域生活支援事業**の必須事業である。

第66問　【正答】①

〈解説〉

①移動の動作は、屋外、屋内など場所ごとに**動作の種類**、**動作の程度**を把握する。移動する際の利用者の主観的な事実についても把握しておく。

②立ち座りの動作は、**床から**、また、**いすから**、**立ち上がって座る**場合の動作を把握する。立ち座りにおける動作が場所によって異なる場合には、その程度についてもチェックする。

③段差昇降の動作は、**階段などの段差を昇降**する動作、**敷居をまたぐ動作**を確認し、動作の程度もチェックする。

④排泄の動作は、トイレまでの移動、敷居のまたぎ、更衣の姿勢保持、便器への立ち座り、便器での姿勢保持など、排泄にはさまざまな動作が必要なため、実際に**シミュレーション**してもらって確認する。

第67問 【正答】②

〈解説〉

　　老化は、**通常老化**と**病的老化**に分けられる。また、老化には普遍性、内在性、進行性、退行性（有害性）の4つの特性がある。内在性とは、生物の老化は**内的因子**として体内にプログラムされていることである。

第68問 【正答】①

〈解説〉

①糖尿病の場合、**初期の段階では無自覚**であることが多く、やがて口渇、多飲、多尿、体重減少などの自覚症状が現れる。さらに高血糖の状態が続くと、3大合併症などさまざまな合併症が起こってくる。

②糖尿病神経障害が現れ、**感覚神経障害**が起こると、外的刺激を感じにくく、足先が壊疽になっても気づかずに放置して、下肢切断に至ることがある。

③1型糖尿病は、インスリンの分泌量が**絶対的に不足**するタイプで、基本的に生涯、不足分のインスリンを注射で補わなければならない。

④糖尿病網膜症になると、網膜の細かい血管が障害されて出血し、視力が低下したり、眼がかすむようになる。**失明**することもある。

第69問 【正答】④

〈解説〉

①精神障害は外因性精神障害、内因性精神障害、心因性精神障害に分類される。外因性精神障害の代表的疾患に**アルコール依存症**がある。

②内因性精神障害の原因は不明だが、遺伝素因が関与して脳の機能が障害されて起こると考えられている。

③生活上の不便、不自由は、原因疾患や薬物療法の副作用、長期入院による社会経験の不足、**本人の特性**などが複合的に重なり合って生じる。

④ロールプレイングは、役割演技による**行動学習法**である。作業療法やレクリエーション療法による治療を指すものではない。

第70問 【正答】②

〈解説〉

　　車いすで浴室内に入ったり、シャワー用車いすやリフトなどの福祉用具を使用したりする場合、浴室は**間口1,600mm×奥行き1,600mm**（壁芯－芯距離1,820mm×1,820mm）以上のスペースで、出入り口の間口を広く確保できるレイアウトにする。①と③のレイアウト案は、浴室出入り口の間口が狭く、適していない。

　　また、介助を受けながら、浴槽へ出入りする場合に、またぎ越しやシャワー用いすを活用した移動を想定すると、浴槽縁高さは**400mm**程度、浴槽の

深さは500 〜 550mmが目安となる。④のレイアウト案では、浴槽縁高さが550mm、浴槽の深さが400mmとなっており、不適切である。

　②のレイアウト案であれば、Ａさんが車いすやシャワー用車いすを使用して浴室へ出入りする場合や、介助を受けて、浴槽へ出入りする場合にも適している。

第2回模擬試験　解答・解説

第1問　【正答】×
〈解説〉
　「個人情報保護法」では、個人情報を取り扱うすべての事業者に「個人情報保護法」を適用することを規定している。このため、福祉住環境コーディネーターも、利用者の住所や氏名、病院名、施設名など、個人を特定できるような情報は、本人の同意のもと、**慎重に取り扱わなければならない。**

第2問　【正答】○
〈解説〉
　物理的バリアは、まち中の段差や狭い通路など、**制度のバリア**は、能力以前の段階で条件や基準が設けられて就学や就職などに制約を受けること、**文化・情報のバリア**は、情報の提供方法が受け手に合っていないこと、**意識のバリア**は、偏見や差別などのことである。

第3問　【正答】×
〈解説〉
　その人らしい暮らしの実現に大切なのは、ADLの各動作を単に一人で行えるかではなく、「**人の手を借りたり、道具を用いたり**して一連の生活行為を成立させながら、それを**自立して維持する能力**」を持てるかどうかである。

第4問　【正答】○
〈解説〉
　理学療法士は、身体に障害がある人に運動療法や物理療法を行う。**作業療法士**は、身体または精神に障害がある人に、手芸や工作などを通じて応用的動作能力や社会適応力の向上・回復を図る。**言語聴覚士**は、言語聴覚障害がある人に、その機能の維持・向上を図るための訓練等を行う。

第5問　【正答】×
〈解説〉
　住環境整備の際のヒアリングでは、チェックシートの項目にないことでも、後から重要なポイントになることがあるので、**話の内容はすべて記録**する。ADLについては、「**している** ADL」だけでなく、「**できる** ADL」についてもチェックする。

第6問　【正答】○

〈解説〉

　事例検討会はケースカンファレンスともよばれる。多職種が集まる場のため、**異なった意見**に触れて**広い視野**を持つことが可能である。福祉住環境コーディネーターにとっては、福祉住環境の手法の多様性に触れる貴重な機会である。

第7問　【正答】○

〈解説〉

　80歳代になると、**さまざまな機能が低下**するが、それでも通常の生活ができるのは、生理機能が日常の働きの**数倍もの予備能力**を持っているためである。

第8問　【正答】×

〈解説〉

　先天的障害は、胎児期および周産期に生じた障害をいい、染色体異常によるダウン症候群や遺伝性のものなど**原因を特定できるもの**と、原因不明のものがある。

第9問　【正答】×

〈解説〉

　成長発達段階で障害が生じると、その後の成長に**影響が出る**。ただし、成長発達が障害によって止まることはなく、一人ひとりが**独自の発達**を遂げて、障害によっては、その後、健常児のレベルに追いつく場合もある。

第10問　【正答】○

〈解説〉

　身体活動、栄養摂取、睡眠が大切である。また、どこでどのように暮らすかという住環境によって、医療や生活の内容がある程度定まっているという点では、**住環境がそれら以上に重要**であるといえる。

第11問　【正答】○

〈解説〉

　脳血管障害者の移動レベルは、**屋外歩行、屋内歩行、車いす、寝たきり**の4つに分けられる。利用者がどのレベルに該当するかによって整備する内容が異なる。

第12問 【正答】×

〈解説〉

　関節リウマチは**女性に多い疾患**のため、**育児や家事がしやすい環境**を心がけることも重要である。台所ではいすに座って調理する、調理用具等は手の届く範囲にまとめる、手指関節の負担を軽減する軽い鍋やまな板、小さめの包丁を利用するなど、動作や作業が楽に行えるようにする。

第13問 【正答】×

〈解説〉

　認知症の場合、日常生活上の不便さや不自由は、**初期**では買い物、調理、掃除、洗濯など**手段的日常生活動作（IADL）**において目立つ。進行するにつれて、排泄、入浴、食事などADLにまで拡大する。

第14問 【正答】〇

〈解説〉

　トイレの場所がわからなくなった認知症高齢者に対しては、トイレに**表示をつける**、トイレまでの**経路を矢印で示す**、トイレまでの経路とトイレの中を明るくするなどの住環境整備で対応するとよい。

第15問 【正答】×

〈解説〉

　パーキンソン病でみられる**振戦**は、手足が小刻みに震える症状で、**片方の上肢**から発症することが多い。その後、**発症した側の下肢**、反対側の上肢、下肢へと進むことが多い。

第16問 【正答】×

〈解説〉

　パーキンソン病の場合、転倒には注意しなければならないが、動かないことによって生じる**廃用症候群の予防**も考えなければならない。このため、日常生活においてストレッチや運動を継続的に行うなど、**積極的に体を動かす**ことで、運動機能の維持を図る。また、閉じこもりにならないよう外出の機会をできるだけ増やす。

第17問 【正答】〇

〈解説〉

　心筋梗塞を発症した利用者の場合、住環境整備で気をつけるのは、**運動強度の調節と温度差の解消**である。温度差の解消では洗面・脱衣室、浴室、ト

イレなどを含めた住宅全体の温度を均一にするように心がけ、**ヒートショック**が起こらないように住環境を整備する。

第18問　【正答】×
〈解説〉
　廃用症候群は、何らかの要因によって体を使わない状態が続くと起こることが多い。福祉住環境整備では、家族内での孤立や社会的孤立を深めないために、利用者の居室と家族が集まりやすいリビングは、**近くに配置**することが必要である。

第19問　【正答】○
〈解説〉
　糖尿病の場合、リハビリテーションの中心は運動療法である。運動を行うと、筋肉などの細胞におけるブドウ糖の利用効率がよくなり、必要な**インスリン分泌量を減少させる**とともにインスリンの効果が高まる。原則として、**全身の筋肉を動かす運動を行う**、**毎日同じ運動を行う**、**食後1～2時間後に**行う。

第20問　【正答】○
〈解説〉
　脊柱管狭窄症は、生まれつき**脊柱管が狭い**うえに、加齢に伴う**脊椎の変化**が加わって発症することが多い。痛みやしびれが生じて長い距離を歩けないといった症状が現れる。

第21問　【正答】○
〈解説〉
　頸髄損傷では上肢から下が麻痺、胸髄損傷では体幹から下が麻痺、腰髄損傷では下肢から下が麻痺、仙髄損傷では足指が麻痺というように、**損傷部位によって麻痺の状態が異なる**。

第22問　【正答】×
〈解説〉
　脳性麻痺は、運動機能が**未完成な段階で障害された状態**であるため、リハビリテーションの目的は機能回復ではなく、**未熟な状態から発達を促すこと**にある。一般的な子どもの発達過程に準じて段階的に訓練を進めていく。

第 23 問 【正答】×

〈解説〉

　心筋梗塞などの虚血性心疾患や心筋症などによって**血液循環の役割を果たす心臓機能が低下**した状態を心臓機能障害という。ストレスや加齢も発症の原因になる。

第 24 問 【正答】○

〈解説〉

　ストーマには排泄をコントロールする機能がないため、本人の意思に関係なく排泄物が**少しずつ排泄**される。このため、ストーマのまわりに**ストーマ用パウチ**を装着して尿や便を受け止める。

第 25 問 【正答】×

〈解説〉

　連続携行式腹膜透析（CAPD）を行っている場合、空気中の細菌にも注意するために**冷暖房の送風をいったん止め、窓も閉めて風が入らないように**することが大切である。

第 26 問 【正答】×

〈解説〉

　認定基準を**視力障害**と**視野障害**の 2 つの機能レベルで重症度を分類しているのは「**身体障害者福祉法**」である。WHO では「両眼に眼鏡を装用して視力測定を行い、0.05 ～ 0.3 未満をロービジョン」と定義しているが、この定義には視野障害が含まれていない。

第 27 問 【正答】×

〈解説〉

　早くから夜盲の症状が現れるのは、**網膜色素変性症**である。加齢黄斑変性症は、網膜に異常な老廃物がたまり、黄斑部が障害される病気で、中心暗点や視力低下、物がゆがんで見える変視症、**色覚異常**などが生じる。

第 28 問 【正答】○

〈解説〉

　半盲は**視野の半分が欠ける状態**をいう。**同名半盲**は、両眼とも同じ側の視野が欠ける状態をいい、**異名半盲**は、両眼の耳側半分、あるいは鼻側半分の視野が欠ける状態をいう。

第29問　【正答】○

〈解説〉

　難聴の人は、健常者に比べて**ダイナミックレンジ**が狭くなるため、**小さな音**が聞こえにくいだけでなく、とくに感音難聴では、**大きな音を不快に感じ**やすくなる。

第30問　【正答】○

〈解説〉

　構音障害では言葉の組み立てや理解、読み書きに問題がないため、コミュニケーションには**筆談**や**文字盤**、**携帯用会話補助装置**などが有効である。視線や指さし、身振り、表情なども手がかりになる。

第31問　【正答】○

〈解説〉

　高次脳機能障害がもたらす生活上の困難は、症状や本人の性格、年齢、生活習慣などを考慮した適切な対応により軽減できる。方法としては、症状を補う代償方法、**単純化**、**慣れ親しんだ環境**、**安全な環境**などがある。

第32問　【正答】○

〈解説〉

　自閉症では、**感覚が過敏**なことが多い。過敏すぎる感覚が、服や靴下を脱ぎたがる、粘土などを触るのを嫌がる、人の視線を避ける、部屋から突然に飛び出すなど、**他者から理解されにくい行動**につながる。

第33問　【正答】×

〈解説〉

　一般に、知的障害児・者は**姿勢筋緊張が低い**ため、同じ姿勢を保ったり、バランスをとったりするのが苦手であるが、座位の保持は可能である。ただし、動くことを嫌う傾向があるので、足底がしっかりと床に着くように座位姿勢をくふうする。

第34問　【正答】○

〈解説〉

　精神障害者の場合、ライフステージによって症状の状態に違いがある。**青年期**は、発病して**不安定な時期**である。また、壮年期は、症状には**個人差**があり、経過は多様である。**老年期**は、安定傾向にあり、心身の機能の維持が課題になる。

第35問 【正答】〇
〈解説〉
　建具の敷居や下枠の段差を解消する方法はさまざまあり、引き戸の敷居周辺の段差を解消する場合には、床面に**フラットレール**を取り付ける方法と、**V溝レール**を埋め込む方法がある。

第36問 【正答】×
〈解説〉
　屋内外で同じ車いすを使用する場合、床材を傷つけることが多く、フローリング材は、表面のつき板の厚さが**0.3mm前後**のものだと下地まで傷つけてしまうおそれがある。**つき板の厚さは1mm以上あるものを選ぶ。**

第37問 【正答】〇
〈解説〉
　ハンドレールは、体の位置を移動させるときに手を滑らせながら使用する手すりで、主に階段や廊下に用いられる。一方、**グラブバー**は、体の位置はそれほど移動させないが、**移乗動作や立ち座りの動作**のときに、しっかりとつかまって使用する手すりで、主にトイレや浴室で用いられる。

第38問 【正答】×
〈解説〉
　手すりを取り付ける位置に行う壁下地補強は、利用者の身体状況が変化して、使いやすい場所が変わっても対応できるように、**あらかじめ広範囲にわたって補強**する。

第39問 【正答】×
〈解説〉
　アコーディオンドアは、簡易な間仕切りとして使用できるが、**気密性が低**いため、住環境整備の観点からはあまり好ましくない。

第40問 【正答】〇
〈解説〉
　把手には、**ノブ**（握り玉）、**レバーハンドル型**、**プッシュ・プル式**、**彫り込み型**、**棒型**などがある。プッシュ・プル式は、押しても引いても開閉でき、握力が弱く手指の巧緻性が低下している人でも容易に使用できる。高齢者や障害者が容易に使用できる把手として、レバーハンドル型がある。ノブ型や彫り込み型は、指先に力が入らない人や握力が弱い人にとっては使用が困難な場合

がある。

第41問　【正答】○
〈解説〉

　有効幅員が780mmの廊下では，介助用車いすやシャワー用車いすが直角に曲がるためには、開口部の有効幅員は750mm以上を確保する。細かな操作が不得意など、車いすの操作能力によって、廊下、開口部の幅員を大きくとることが必要になる。**自走式車いすの場合は、廊下の有効幅員が750～780mm**の場合、開口部の有効幅員は**850～900mm**が標準である。

第42問　【正答】×
〈解説〉

　高齢者の場合、**知覚機能の低下**によって暑さを感じにくく、汗もかきにくいために自覚症状がないことから発症が多い。熱中症を予防するためには、十分な体調管理を行うとともに、喉が渇く前からこまめな**水分の補給**、必要に応じて**塩分の補給**が大切である。また、室内温度を**28度以下**に保つようにする。

第43問　【正答】×
〈解説〉

　古い住宅の上がりがまちは、段差寸法が300mm程度と、高齢者が昇降するのは困難である。また、比較的新しい住宅では**180mm以下**が一般的で、健常な高齢者であれば昇降はさほど難しくないが、足腰が弱った高齢者や障害者などは**昇降が容易にできない**場合もある。

第44問　【正答】○
〈解説〉

　鉛直線とは、水平面に対して垂直方向の直線をいう。手すりの位置は、下端が土間床面より**750～800mm**程度、上端は玄関ホール床面に立ったときの肩の高さより**100mm程度上方**になるようにする。

第45問　【正答】○
〈解説〉

　階段の勾配は、蹴上げと踏面の寸法（**階段勾配＝蹴上げ（R：Rise）÷踏面（T：Tread）**）によって求められる。「建築基準法」では、住宅の階段について、蹴上げを**230mm以下**、踏面を**150mm以下**としているが、高齢者や障害者の安全性を確保できるものではない。

第 46 問 【正答】〇
〈解説〉
　階段の形状には、**踊り場付き階段、吹き寄せ階段、踊り場＋3段折れ曲がり階段、直線階段**などがある。このうち、踊り場付き階段が最も安全性が高く、直線階段が危険性が高い。

第 47 問 【正答】〇
〈解説〉
　自走用車いすを使用している場合、便器へのアプローチの仕方によって必要な間口と奥行きが変わる。3つのアプローチ方法の中で最も多いのが**側方アプローチ**である。側方アプローチの標準的な広さは、間口 **1,650mm** ×奥行き **1,650mm** である。

第 48 問 【正答】〇
〈解説〉
　脳血管障害による片麻痺がある利用者のトイレでの介助では、利用者が**バランスを崩したとき**に支持するため、介助者は**患側**に立つ。立ち上がりの際には、利用者が**健側の上肢**で壁に設置した縦手すりを握るため、便器と壁面、手すりの位置関係に配慮する必要がある。

第 49 問 【正答】×
〈解説〉
　浴室の出入り口の**正面に洗い場がある場合**、壁面に手すりを取り付けることができるので、**利用者が歩行しやすい**という長所がある。一方、介助者の移動がスムーズに行えないという短所がある。浴室の出入り口の**正面に浴槽がある場合**には、介助者の移動はしやすいが、利用者が洗い場で移動する際に手すりを使って移動することができない。

第 50 問 【正答】×
〈解説〉
　ティッピングレバーは、段差を越える場合などに、キャスタを上げるために**介助者が足で踏む**ものである。車いすの後方に取り付けられている。

第 51 問 【正答】②
〈解説〉
　国際生活機能分類（ICF）では、**障害を環境との関係でとらえる**とともに、**生活機能**の中に位置付け、マイナス面だけでなくプラス面を重視している。

心身機能・身体構造、活動、参加を総称して**生活機能**とし、それらに問題が起こった状態（機能障害、活動制限、参加制約）を総称して**障害**とする。

第52問　【正答】①
〈解説〉

わが国では、14歳以下の年少人口、15〜64歳の生産年齢人口がいずれも**減少**している。また、65歳以上の高齢者の増加は著しく、2021（令和３）年で3,618万人、総人口に占める高齢者の割合（高齢化率）は28.8％である。

第53問　【正答】③
〈解説〉

介護保険の給付サービスには、要介護者を対象とする介護給付と要支援者を対象とする予防給付がある。これらの給付は、都道府県・政令市・中核市が指定・監督を行う**居宅・施設等サービス**と、市町村が指定・監督を行う**地域密着型サービス**に分かれている。

第54問　【正答】①
〈解説〉

相談援助とは一般的に、ソーシャルワーカーなどが面接などで相手が抱えている課題やニーズを理解し、**社会資源**を活用しながら課題解決を図ることを指す。

第55問　【正答】③
〈解説〉

介護支援専門員（ケアマネジャー）は、**介護保険法**に基づいて、要介護認定の申請を行ったり、介護サービス計画（ケアプラン）を作成したりするなど、ケアマネジメント業務を行う専門職である。

第56問　【正答】④
〈解説〉

老化のうち、**病的老化**は、有害物質の曝露や生活習慣のひずみ、重い病気の後などの老化促進因子により老化現象が急速に進み、病気になりやすい状態をいう。

第57問　【正答】①
〈解説〉

知的能力（総合的能力）には、**流動性知能**と**結晶性知能**がある。流動性知

27

能は20歳代にピークを迎え、以降は個人差があるものの徐々に低下する。**結晶性知能**は、60歳頃まで上昇し、生涯維持し続けることも可能とされている。

第58問　【正答】④

〈解説〉

　認知症とは、一旦、正常の水準まで達していた**知的機能**（記憶、認識、判断、学習能力など）が、脳神経細胞の減少・機能低下などにより、**持続的に低下**し、日常生活や社会生活に支障をきたすようになった状態をいう。

第59問　【正答】③

〈解説〉

　臥床状態が長期間続いたり、ギプスで関節を長期間固定しているなど、体を使わない状態が続くと、**二次的障害**として心身の機能に病的な症状や病気が現れる。この症状や病気を**廃用症候群**という。

第60問　【正答】②

〈解説〉

　内部障害は**外から見ただけでは分かりにくく**、本人が抱える不安やストレスに対する周囲の理解と援助が求められる。また、医療機器を必要とする人については、その管理や住環境整備への配慮がとくに重要である。

第61問　【正答】②

〈解説〉

(a)○　視野とは、一点を注視した時に見える範囲をいい、視野が欠けることを視野欠損という。視野欠損には、狭窄、暗点、半盲などがあり、視野狭窄の中で視野が**周辺部**からだんだん狭くなっていくものを**求心狭窄**という。

(b)○　使える網膜を見つけるためには、中心窩以外の網膜で見る**中心外視力**を使う訓練が必要である。

(c)×　同名半盲は、両眼とも同じ側の視野が欠ける状態をいい、半開きのドアにぶつかったり、**欠損側に寄って歩いたり**しやすい。

(d)×　中心暗点があると、**急激な視力低下**を招き、遠近感や立体感がなくなる。

第62問　【正答】③

〈解説〉

(a)×　聴力検査では、周波数の異なる音についてそれぞれ聞こえ始める**最も小さな音**を調べ、その結果をオージオグラムで表す。平均的な**最小可聴値**

は0dBである。

(b)○　音の聞こえの程度と言葉を聞き取る力は**別の能力**で、語音明瞭度が低下すると言葉がうまく聞き取れなくなる。語音明瞭度とは、言葉を聞き取る能力のことである。

(c)○　感音難聴では、聞き取りやすい音声の大きさを超えると、耳に響いてかえって**語音明瞭度**が低下する。

(d)○　語音明瞭度が低下している場合、相手の話す**声が小さい**、話す速度が速い、**周囲の雑音が多い**、残響時間が長いなどの状況で聞き取りにくくなる。

第63問　【正答】①
〈解説〉

(a)○　軽度の知的障害では、**新しい仕事や文化的な習慣などの習得**には十分な**訓練、練習**が必要である。

(b)○　重度の知的障害では、**介助なしで自立的**に日常生活を送ることは**不可能**だが、長期間の練習・訓練によって、できるようになる行為も増える。

(c)○　中度の知的障害では、社会的慣習の認識は困難で、運動機能の発達の遅れや**ADLの自立が不十分**なことが多いため、日常生活や社会的生活で、かなりの援助が必要である。

(d)×　最重度の知的障害では、合併症や寝たきりが多い。**ほとんど動けない**か、**動けてもわずか**で、生命を維持するにも介助が必要である。

第64問　【正答】③
〈解説〉

(a)×　車いすのブレーキレバーを動かすことでジョイント部分が動いて車輪を押さえる方式は**トグル式**である。**レバー式**は、てこの原理を利用してブレーキをかける方式である。

(b)○　**ティルト＆リクライニング式車いす**は、**ティルト機構**によってシートとバックサポートの角度を保ったまま、シート全体を後ろに調整できる。**リクライニング機構**と合わせて身体状態に合った角度に調整できるため、座位姿勢を保持しやすくなる。

(c)×　六輪車いすは、**狭い家屋での使用を前提**に、前輪キャスタと後輪の距離を縮めることで回転半径を小さくしているため、小回りが利く。

(d)○　標準形電動車いすは、**手動車いすに比べて重たく**、回転半径が大きいため、屋外での使用が一般的である。

第65問 【正答】④
〈解説〉
①**対流暖房**は、**エアコンやファンヒーター**など、温風によって室内を暖める暖房方法である。短時間で暖まるのが利点であるが、天井と床面付近の**温度差が大きくなる**。
②**輻射熱**で暖める暖房方法には、**床暖房やパネルヒーター**などがある。適切な室温になるまでに時間がかかるが、空気の対流を起こさないため、ほこりがたたない。また、床暖房は床から離れるほど温度の上昇が鈍くなるが、床面の温度が高いので室内温度が低くても暖かさを感じる。
③エアコンの場合、同じ位置にあっても、冷房と暖房で**吹き出す方向が異なる**。このため、冷房時、暖房時の気流を確認して設置することが大切である。
④寒冷地で、すべての部屋に暖房が必要な場合に適しているのは、住宅全体で暖房を行う**中央式**である。

第66問 【正答】①
〈解説〉
①言葉の理解にかかわっているのは、大脳言語野の**ウェルニッケ領域**である。**ブローカ領域**は、言葉の表出にかかわっている。
②**ウェルニッケ領域**は、言葉の理解にかかわるだけでなく、言葉の表出において語の選択や音の配列にもかかわっている。
③**発声発語器官**は、鼻腔・口唇・歯・舌・口腔・軟口蓋・硬口蓋・咽頭・喉頭（声帯）・気管・肺をいう。
④言葉は脳からの**命令**が発声発語器官に伝わり、発声発語器官が運動することで発せられるため、脳や発声発語器官に障害が生じると言語障害となる。

第67問 【正答】④
〈解説〉
①糖尿病神経障害の場合、足の筋力低下やしびれ、視力障害などから**つまずきや転倒**が多くなる。
②糖尿病網膜症の場合、**ガスの火が見えにくくなるため**、ガス調理器具を電磁調理器等に変更することが望ましい。
③糖尿病腎症は進行すると腎不全になり、人工透析が必要になる。人工透析を受けるようになると、**時間や生活が制約**される。
④発汗や動悸、手足の震えなどがみられるのは、**低血糖**になったときである。糖尿病では、食事量の少なさ、食事のタイミングの遅れ、薬の効きすぎなどが原因で低血糖になる。

第68問　【正答】②
〈解説〉
①過度の安静が筋・骨格に与える影響として、**骨粗鬆症**があげられる。また、関節を動かさないでいると**拘縮**が始まる。
②過度の安静が心臓・血管に与える影響として、起立時の**頻脈**や**起立性低血圧**があげられる。また、大腿の奥などにある静脈に血栓ができると、これが原因になって**肺塞栓**を起こすことがある。
③過度の安静が肺に与える影響として、痰を出す力が弱くなることや、息切れがあげられる。
④過度の安静が脳に与える影響として、精神活動性の低下、**うつ傾向**があげられる。

第69問　【正答】②
〈解説〉
①心筋梗塞の再発防止には、**動脈硬化の進行**を抑えることが第一であり、**塩分を控える**ことを心がける。
②心筋梗塞の再発防止には、禁煙は重要だが、アルコールは禁止するのではなく、**控える**ことが大切である。禁止することがストレスとなることもある。
③心筋梗塞の再発防止には、青魚や野菜を中心とした**低コレステロール食**にすることが大切である。
④心筋梗塞の再発防止には、ストレスをためないことが大切である。そのために、**ストレスが少ない生活**を送るようにする。

第70問　【正答】②
〈解説〉
　パーキンソン病では、歩行障害（前方突進やすり足、小刻み歩行）や姿勢反射障害により、小さい段差でもつまずきやすい。和室入り口は**250mm**の段差があるため、その解消が必要である。③と④は和室のままなので適切でない。
　①と②は洋室に変更し、出入り口の**段差**を解消している。①は介護用ベッドから入り口までの動線上に、移動を補助するものがない。②はベッドから入り口までの**動線が短く**、方向転換も少なくてすむ。また、**横手すり**の位置も有効で、最も適切である。